ASSUMA O CONTROLE DE SUA CARREIRA

O GUIA PARA ENCONTRAR O EMPREGO IDEAL

Camilla Arnold e
Jane Barrett

ASSUMA O CONTROLE DE SUA CARREIRA

O GUIA PARA ENCONTRAR O EMPREGO IDEAL

TRADUÇÃO
UBK Publishing House

ubook UBK Publishing House

Publicado mediante acordo com Bloomsbury Publishing Plc. Edição original do livro, *Taking charge of your career*, publicada por Bloomsbury Publishing Plc.

COPIDESQUE Jan Bianchi
REVISÃO Perola Palma | Rafael Ottati
CAPA E PROJETO GRÁFICO Bruno Santos
IMAGEM DE CAPA patpitchaya | Shutterstock

Dados Internacionais de Catalogação na Publicação (CIP)
(Câmara Brasileira do Livro, SP, Brasil)

Arnold, Camilla
Assuma o controle de sua carreira : o guia para encontrar o emprego ideal / Camilla Arnold e Jane Barrett ; tradução UBK Publishing House. -- Rio de Janeiro : Ubook Editora, 2019.

Título original: Taking charge of your career.
ISBN 978-85-9556-141-0

1. Carreira profissional - Desenvolvido
2. Carreira profissional - Mudança 3. Liderança
4. Orientação profissional 5. Sucesso profissional
I. Barrett, Jane. II. House, UBK Publishing.
III. Título.

19-30439 CDD-650.14

Ubook Editora S.A
Av. das Américas, 500, Bloco 12, Salas 303/304,
Barra da Tijuca, Rio de Janeiro/RJ.
Cep.: 22.640-100
Tel.: (21) 3570-8150

Agradecimentos

Agradeço aos meus pais pelo apoio incondicional ao longo dos anos e por encorajarem meu desenvolvimento. E também a Michelle Walder, que tem sido a melhor catalisadora de carreira que alguém poderia ter. Dedico este livro a Harrison Arnold, Jemima Arnold, Noah Roche e Jude Roche — espero que cada um de vocês encontre o percurso de carreira que lhes traga alegria e realização.

Camilla

Obrigada à minha mãe, Pip, que sempre esteve presente durante meus altos e baixos, e ao meu marido Colin pelo seu apoio inabalável. Dedico este livro ao meu filho Tom e aos meus sobrinhos Florence e Jamie Elliott — que ele os guie em suas próprias jornadas de carreira.

Jane

Obrigada a todos que contribuíram com suas histórias e insights para o livro, mostrando com entusiasmo e motivação o que pode ser feito. Obrigada a Akosua Afriyie-Kumi, Adrian Arnold, Colin Barrett,

Laura Bevill, Elizabeth Bird, Kate Clifford, Kathryn Davis, Patrick Dudley Smith, Emma Greggains, Jude Hawkins, Carla Holden, Jennifer Hollaway, Kaye Kent, Julia E. Knight, Guy Jeremiah, Jo Lane, Christoph Langwallner, Jamie Lumley, Sarah Marsh, John McFarland, Tina Moran, Amit Pandey, Chris Penny, Tony Restell, Lindsay Small, John Smith, Henry Teare, Robert Timothy, Janie Van Hool e Klaudiusz Zwolinski.

Gostaríamos também de agradecer a todos os nossos clientes que, ao longo dos anos, nos ajudaram a desenvolver esta metodologia com os seus sucessos e feedbacks.

Sempre que possível, os nomes nos estudos de caso serão reais. Alguns foram alterados para proteger a privacidade dos indivíduos.

Introdução

Nosso desejo era escrever um livro que gostaríamos de ter lido enquanto cada uma de nós passava por nossas avaliações de carreira e, mais tarde, como coaches de carreira. Um livro que gostaríamos de ter como um suporte aos nossos clientes.

É verdade que há muitos livros sobre carreira no mercado, mas sentimos que não havia um que cobrisse todo o processo de decidir o que você tem a oferecer e o que quer, apresentando aspectos práticos, com estudos de caso. A maioria das pessoas não tem tempo ou inclinação para ler vários livros sobre esse importante assunto — então decidimos colocar tudo em um só lugar e olhar para todas as principais áreas que nossos clientes nos pedem para contemplar.

Este livro é baseado em mais de trinta anos de conhecimento em gestão de carreira, tanto da própria quanto dos clientes com quem trabalhamos. Também conta com nossa experiência de recrutamento e na área de desenvolvimento de carreira, com muitas pessoas diferentes, de graduandos e profissionais não graduados a executivos, de jornalistas a investidores de capital de risco.

Criamos um livro que reflete tudo o que aprendemos e estabelece uma estrutura clara e simples com dicas e técnicas para ajudá-lo a analisar e planejar o próximo passo de sua carreira. Ao longo deste livro, há exemplos de pessoas que encontraram com sucesso um trabalho que é satisfatório, significativo e "combina" com elas. A gestão de carreira não é uma ciência exata e, consequentemente, muitas pessoas não fazem ideia de por onde começar — um sentimento que, no passado, conhecemos bem até demais! Na nossa experiência, muitas pessoas, insatisfeitas com sua posição atual ou que não sabem como desenvolver sua carreira, querem assumir o controle em vez de deixar a carreira "acontecer", mas simplesmente não têm certeza de por onde começar.

VOCÊ DECIDE

O que fazemos para ganhar dinheiro ocupa uma enorme parte do nosso tempo e afeta muitas áreas da nossa vida, então faz sentido dedicar boa parte da nossa energia para tornar essa tarefa a mais agradável possível. Dito isso, por que a maioria das pessoas se esforça mais para decidir sobre suas próximas férias, sobre qual celular comprar ou sobre roupas? Nos últimos vinte e cinco anos, a gestão de carreiras mudou de um jeito imensurável. Antes, era responsabilidade da empresa — à qual o indivíduo se juntava assim que saía da escola ou da universidade — orientar a carreira de seus empregados enquanto subiam na hierarquia, e os funcionários raramente mudavam de carreira ou mesmo de empresa. Hoje, recai sobre o próprio indivíduo a responsabilidade de gerenciar sua carreira, decidir aonde quer ir, como chegar lá e que organização ou parte de uma organização seria o melhor lugar para obter essa experiência.

Como a carreira pode ter um impacto muito grande na felicidade diária e na de longo prazo, encorajamos você a fazer tudo o que puder para garantir que está no lugar certo, fazendo algo que se alinhe com o que valoriza e que o ajude a progredir em direção ao seu objetivo final. Para muitos de nós, a área de atuação em que estamos aos vinte anos pode não refletir a pessoa que seremos mais tarde na vida. Às vezes, uma reavaliação é imposta ou você pode se ver querendo mudar aspectos de sua carreira conforme mudam as circunstâncias de sua vida. Este livro irá ajudá-lo a considerar suas escolhas de forma que você tenha uma estrutura pessoal para analisar suas opções de carreira.

VERIFICAÇÃO DE FATOS

Uma advertência aqui: muitas pessoas acham que, ao encontrar a carreira certa, vão pular da cama de manhã ansiosos para trabalhar. A realidade é que, mesmo se você encontrar seu emprego perfeito, isso pode não acontecer todos os dias. Nosso objetivo é manter seus pés no chão à medida que você avança pelo livro, mas já vimos tantas pessoas encontrando a carreira certa no momento certo que acreditamos que você pode fazer o mesmo.

Pode demorar até você alcançar um emprego que vai adorar e até estruturar seu trabalho de forma que ele combine com quem você é, mas as recompensas, se você perseverar, são imensuráveis. Sua carreira também precisa de reavaliações regulares (idealmente anuais) à medida que você ou as circunstâncias ao seu redor mudarem. Ao estruturar seu pensamento usando os exercícios deste livro, você pode economizar tempo e ficar mais satisfeito ao trabalhar na direção do seu objetivo. É evidente que, na hora do vamos ver, ninguém gerencia sua carreira melhor do que você, pois só você sabe o que é certo para si mesmo. Faz sentido que as pessoas pretendam cada vez mais gerir suas carreiras de forma mais proativa para obterem o melhor retorno pelo dinheiro gasto na educação e pelas muitas horas que dedicaram ao trabalho, sem deixá-la à mercê da sorte. É aí que entra este livro.

POR QUE ESCREVEMOS ESTE LIVRO?

Através dos nossos workshops e atendimentos individuais, temos assessorado milhares de pessoas através desta metodologia para encontrar carreiras bem-sucedidas e gratificantes e novas posições. Também mudamos nossas próprias carreiras, então conheça em primeira mão as ansiedades, os obstáculos e, finalmente, o alívio e o prazer de encontrar a carreira certa, a curto e a longo prazo.

Estudo de caso: Jane

Originalmente, me formei agrimensora, aconselhada pelo orientador escolar a fazer um curso mais vocacional do que geografia, a disciplina em que ia melhor. Descobri que estava mais interessada em pessoas do que em prédios, e embarquei em uma busca para descobrir o que realmente queria fazer. Isso foi mais difícil do que eu imaginava. Os centros vocacionais administrados pelo governo não pareciam oferecer muitos conselhos sobre como encontrar trabalhos que combinassem comigo, e o centro de carreiras da minha universidade estava mais voltado para estudantes recém-formados. Depois das provas para auditoria, mudei-me para uma empresa de recrutamento, pensando ingenuamente que se tratava de "ajudar as pessoas a encontrar trabalho". Cega pelo dinheiro (meus valores naquela época eram muito voltados ao dinheiro, porque eu tinha meu financiamento estudantil para pagar!), entrei para a divisão de recrutamento de TI. Com ênfase demais em vendas, depois de dois anos subi na hierarquia e entrei para uma empresa de *headhunting*. Com uma cultura de vendas menos explícita, encontrei mais satisfação em prestar um serviço mais profissional, mas descobri gostar mais do trabalho voltado para o candidato, que não era o que eu estava sendo paga para fazer!

Àquela altura, não estava satisfeita. Como tinha cometido alguns erros de carreira no passado (pelo menos era assim que os via), estava relutante em mudar e ficar presa na inércia. Nas férias, li um artigo sobre coaching de carreira e assim que voltei contratei uma coach para me ajudar a decidir o próximo passo. Ela usou perguntas perspicazes para me ajudar a descobrir o que era importante para mim, o que eu tinha para oferecer e o que me motivava.

Então, comecei a jornada de criar minha própria empresa de informação e coaching de carreira. Fiz uma transição gradual, facilitando o processo com alguns contratos de recrutamento de meio-período, de modo que pudesse adquirir mais conhecimentos sobre o que os empregadores procuravam e tivesse tempo para me desenvolver como coach de carreira. Comecei a construir parcerias com escolas de negócios que poderiam me dar um fluxo constante de clientes para apoiar a minha prática. O negócio evoluiu para o seu formato atual e oferece coaching de carreira e informações através de webinars, workshops e treinamento online para as principais escolas de negócios em todo o mundo.

Houve alguns caminhos que não deram em nada, incluindo a criação de uma empresa de produtos ecológicos (cuidar do meio ambiente é um valor importante para mim). Ela acabou não dando certo porque eu estava atrasada demais para o mercado e não estava preparada para investir o tempo e o dinheiro necessários. Não deu certo, mas aprendi muito. Criei esse interesse na Career Farm, através de um programa de webinars especializados que ajudam as pessoas a entrar em carreiras de investimento em sustentabilidade e impacto.

O caminho que tomei para chegar onde estou agora não foi fácil. Houve muitos altos e baixos. Como muitos dos meus clientes, tive que fazer reavaliações e mudar a rota à medida que minhas necessidades e circunstâncias mudavam. O mundo do trabalho muda rapidamente, e se você não estiver gerenciando ativamente sua carreira, pode se sentir fora do controle e à mercê das circunstâncias. Espero que o processo neste livro seja algo a que as pessoas possam voltar à medida que dirijam sua carreira e usem a estrutura para analisar e fazer planos para desenvolvê-la.

Estudo de caso: Camilla

Minha carreira começou como a da maioria dos meus amigos e antigos colegas. Caímos em empregos que, na época, pareciam ser tão bons quanto qualquer outro, e tínhamos alguma margem de progressão. Era uma raridade encontrar alguém que soubesse com certeza o que queria fazer, alguém que tivesse feito escolhas desde a época da escola e da universidade que o levasse na direção desse objetivo. Para ser honesta, eu olhava para essas estranhas criaturas com uma mistura de admiração e inveja, me perguntando por que eu não conseguia descobrir qual era a direção certa para mim.

O conselho perene naquela época, assim como hoje, era descobrir no que você estava interessado e depois encontrar uma carreira a partir disso, e as opções oferecidas pelo orientador vocacional da minha escola não fugiam dos campos experimentados e testados de professor, enfermeiro ou educador físico. O único problema com isso foi que realmente não pensei que houvesse algo em particular que me interessasse o suficiente para "pôr todos os meus ovos em um mesmo cesto". Na área de socialização e viagens, não parecia haver muitas opções de carreira a longo prazo que me atraíssem. Tive imensa sorte em meus diferentes serviços. Gostei de todos e aprendi com todos. Sempre senti que estava seguindo em frente. O único problema era que parecia mais com uma série de empregos em que eu caíra por indicação ou circunstância feliz do que com uma carreira propriamente dita.

Cada vez que pensava que estava pronta para uma nova direção, eu comprava o último livro sobre como identificar sua paixão, para descobrir que ainda não sabia muito bem quais eram os próximos passos. Em vez disso, ouvia o que outros colegas e amigos diziam ser meus pontos fortes e orientava minha carreira em torno disso — no caso, minha capacidade de me organizar eficazmente e resolver problemas. Como resultado, tive uma carreira eclética baseada nesses pontos fortes percebidos, sempre com a esperança de que encontraria o emprego perfeito para mim, mas acho que nunca acreditei que isso aconteceria.

Depois de vinte anos de trabalho, enfim fiz exatamente isso — esbarrei no coaching (uma forma de resolução de problemas) e no conceito de carreira portfólio, o que me permitiria ter a variedade que eu amava. Passei três anos fazendo a transição da minha função anterior de diretora de operações de uma empresa líder em *headhunting* para a minha carreira atual, e finalmente sinto que encontrei o caminho certo para mim. Ele não serviria para todas as pessoas, mas aproveita todos os meus pontos fortes e minhas preferências de ambiente de trabalho e remuneração, ao mesmo tempo que oferece novos desafios, uma vez que refino constantemente meu percurso profissional à medida que desenvolvo e identifico novas aspirações.

Em cada etapa dessa transição de carreira, faço reavaliações e analiso onde estou e se aquilo funciona para mim. Tentei dar coaching em tempo integral e descobri que sentia falta do burburinho do escritório e da interação com os colegas, então reavaliei as coisas e, depois de muita pesquisa, entrei para uma empresa focada em coaching e desenvolvimento de liderança — a TXG Ltd —, cujos valores e ímpeto de ser o melhor daquele negócio correspondiam exatamente aos meus. Atualmente, sou diretora administrativa de atendimento ao cliente e assessoro clientes corporativos de grande porte com coaching executivo e iniciativas de desenvolvimento de liderança, ao mesmo tempo em que atuo como agente dos melhores talentos em coaching de todo o mundo. Também continuo sendo coach particular de indivíduos que se encontram em uma encruzilhada de carreiras. Isso me permite ter a flexibilidade que eu procurava, além de conseguir expressar todos os aspectos de quem sou no local de trabalho. Sou coach de uma vasta gama de clientes, de CEOs, diretores de conselho de administração e profissionais de carreira que procuram trabalhar com seu melhor potencial até aqueles que procuram uma carreira perfeita e não sabem por onde começar, o que vai de recém-formados a aposentados.

Quando nós olhamos para trás, concordamos que provavelmente poderíamos ter encurtado todo o processo e ter uma ideia mais clara de para onde estávamos indo se soubéssemos naquela época o que sabemos agora (quantas vezes as pessoas dizem isso?). Nossas jornadas de um trabalho qualquer à carreira escolhida têm sido longas. Passamos anos à procura das carreiras certas e ficamos frustradas com a falta de conselhos práticos para que continuássemos em frente. Os livros que líamos tendiam a tocar no assunto superficialmente e havia poucos conselhos práticos sobre como decidir sobre uma opção de carreira. O conselho de consultores bem-intencionados era: se você tem um bom emprego, por que mudar o time que está ganhando? É por isso que trabalhamos com clientes que procuram ajuda enquanto buscam uma nova função, e é por isso que decidimos escrever este livro. Infelizmente não há bola de cristal, e não podemos dizer qual é a carreira perfeita para você.

No entanto, o que podemos fazer é partilhar neste livro o processo que descobrimos ser o melhor para ajudar nossos clientes a encontrarem seu próprio caminho — pois, a longo prazo, decidir sua própria carreira é muito mais satisfatório e tem muito mais chance de funcionar do que se nós ou qualquer outra pessoa lhe dissesse o que fazer. Afinal, ninguém pode lhe conhecer tão bem quanto você mesmo. Esperamos que este livro lhe proporcione uma estrutura, baseada em anos de experiência, clara, fácil de seguir e pragmática. O processo deve ser uma exploração divertida de você mesmo e da sua marca pessoal.

O QUE ESTE LIVRO PODE OFERECER PARA VOCÊ

- Uma série estruturada de exercícios centrados na sua reavaliação e no planejamento de carreira;
- Clareza sobre o que é realmente importante para você na sua vida profissional e o que "seria bom ter";
- Insights das histórias de outras pessoas que passaram por uma mudança de carreira e saíram da experiência com sucesso;
- Um livro de referência ao qual você pode retornar várias vezes ao longo de sua carreira, e que cobre os principais aspectos do planejamento e da mudança de carreira;
- Um sistema comprovado que funciona. Mantemos contato com nossos clientes para garantir que estes exercícios e conselhos continuam a ser úteis e relevantes em todos os setores, indústrias e locais;
- Uma forma de investigar opções de carreira de uma forma lógica e estruturada;
- Um plano de ação e um calendário para avançar, baseados em uma análise sólida.

Muitas vezes as pessoas começam a pensar na carreira quando surge uma crise: foram despedidas, tiveram um recálculo insatisfatório de salário ou foram preteridas na hora de uma promoção. No mundo ideal, esse tipo de influência externa não deve ser o catalisador para pensar em sua carreira, pois a emoção associada a isso pode turvar seu pensamento e, então, o ponto de partida de uma nova busca por emprego será de dor, raiva e ressentimento em vez de entusiasmo, motivação e comprometimento. Para muitas pessoas que procuram mudar de emprego, o foco está muitas vezes na questão a curto prazo "Preciso arranjar um emprego agora" (currículos, estratégia de procura, entrevistas etc.) em paralelo com a questão a longo prazo "Quero encontrar um emprego que combine comigo".

As escolhas de carreira podem parecer confusas e esmagadoras às vezes, mas pode ser reconfortante trabalhar através de um processo comprovado, a fim de analisar sua carreira. Ao terminar este livro, você terá uma compreensão muito melhor do que quer e do que tem a oferecer. A estrutura de carreira que terá criado será um resumo dos seus dados pessoais recolhidos de forma metódica. Isso o ajudará a fazer uma escolha informada, minimizando a chance de tomar a decisão errada.

COMO USAR ESTE LIVRO

Nossa experiência mostrou que o que você retira do processo e a clareza que tem ao fim dele dependem inteiramente do quanto você investe nisso. Pode ser tentador apenas ler o livro, prometendo voltar aos exercícios mais tarde. Infelizmente, esta abordagem não vai conduzir a mudanças duradouras. Recomendamos fortemente que você complete todos os exercícios à medida que se deparar com eles. Se quiser cópias dos exercícios, poderá encontrá-los no site www.howtotakechargeofyourcareer.com, junto de outros recursos que podem ser úteis. Acredite: você começará a colher os frutos do seu trabalho árduo.

Muitas pessoas serão capazes de completar os exercícios e terão um grupo de apoio e a motivação para se colocar no caminho que leva à gestão proativa da própria carreira. No entanto, alguns podem achar isso mais desafiador, e querer fazer parceria com um amigo que também está embarcando nessa busca ou trabalhar com um coach de carreira. Há muitos deles no mercado — alguns bons, outros nem tanto. Mais adiante no livro, nós lhe daremos algum conhecimento intrínseco de como escolher a pessoa certa para você.

PARA QUEM É ESTE LIVRO?

Se você está procurando um novo emprego ou buscando uma promoção, planejando mudar de carreira ou criar seu próprio negócio, este livro foi escrito para você, para que você extraia o máximo de satisfação do seu trabalho.

Nossa experiência tem mostrado que o conhecimento que você adquirirá no livro lhe dará uma vantagem se você estiver:

- *Procurando um novo emprego*: como candidato, se você sabe o que quer e o que pode oferecer, será mais atraente como aos recrutadores do que aqueles que não trabalharam nisso.
- *Procurando ser promovido ou progredir dentro de uma organização*: se você souber claramente quais habilidades tem e o que quer desenvolver, e se souber para onde está indo em termos de carreira, é muito mais provável que atinja seus objetivos.
- *Encontrar a direção certa da carreira*: se você está certo sobre o que está procurando e as habilidades que tem, e se fez a pesquisa para confirmar sua escolha de carreira, você terá uma direção clara ao iniciar sua busca por emprego.
- *Abrir um novo negócio*: assegurar que a criação de uma empresa serve suas necessidades, seus valores e suas competências pessoais é a chave para o sucesso, e também pode ajudá-lo quando precisar contratar funcionários para complementar as suas competências.
- *Pós-aposentadoria*: analisar sua vida profissional até o momento, as habilidades que você acumulou e suas preferências irá ajudar a encontrar uma função que lhe atenda caso você decida continuar a trabalhar em uma função voluntária ou de meio-período.
- *Embarcando na educação*: se você identificou os objetivos de longo prazo para sua carreira, é mais provável que tenha certeza de que está no curso certo; e, uma vez estando nesse caminho, também garante que você maximize as oportunidades que isso proporciona.

EM RESUMO

Muitos dos artigos e livros que foram escritos sobre este assunto se focam em apenas um aspecto da procura da carreira ideal — seja identificar a sua paixão, compreender a carreira portfólio, criar o currículo perfeito ou responder às perguntas mais vis da entrevista. Muitos desses livros podem ser úteis para você, e recomendamos os melhores na seção de referências. Ao cobrir em um livro todos os pontos-chave da procura por uma nova carreira e do planejamento de uma carreira existente, acreditamos que você poderá completar a base fundamental para realmente conhecer a si mesmo e o que você está procurando, além de entender todos os passos para chegar lá. Não há garantias na vida, mas nossa metodologia testada e comprovada fará com que você tome uma decisão informada e baseada na identificação e na pesquisa de habilidades de forma a criar um plano de ação para levá-lo aonde quer ir.

Se há uma etapa particular que você está tentado a pular, é provavelmente a que contém o segredo da direção que você deve tomar. Vamos encorajá-lo a criar network (cuja menção normalmente faz com que as pessoas tremam na base), mas também lhe daremos dicas sobre como tornar o processo o mais indolor possível. Infelizmente, não há como contornar o networking — ele tem um valor enorme não só na identificação da sua próxima carreira ou função, mas também no desenvolvimento da sua carreira a longo prazo. É fácil se deixar levar pela maré, evitando os aspectos mais difíceis de batalhar por uma ótima carreira. Em vez de apenas permitir que a vida aconteça, nós o encorajamos a se tornar proativo, porque as recompensas realmente valem a pena.

Todos temos escolhas na vida. Se você já contemplou uma mudança de carreira, ou se tentou identificar uma direção que o empolga, a pergunta que deve se fazer é simples: “Se não agora, quando?”

PARTE I
SE NÃO AGORA, QUANDO? O QUE SEGURA VOCÊ?

"Escolha um trabalho que você ame e não terá que trabalhar um único dia em sua vida."
CONFÚCIO

Lidar com obstáculos pode parecer um ponto de partida incomum para um livro sobre aproveitar o momento e fazer uma mudança em sua carreira — mas, quando falamos com as pessoas pela primeira vez, muitas vezes a primeira coisa que elas querem falar é sobre todos os problemas que podem atrapalhar seu sucesso.

Essas preocupações incluem:

- Falta de motivação;
- Limitação da crença na capacidade de encontrar algo que funcione para elas;
- Frustração e raiva caso uma mudança de carreira tenha sido imposta a elas (por exemplo, demissão, doença ou outras circunstâncias que alterem suas vidas);

- Falta de tempo;
- Falta de dinheiro ou de vontade de aceitar uma diminuição no salário ou reciclagem profissional;
- A família e/ou os amigos questionando por que você está considerando uma mudança.

Abordamos cada uma dessas preocupações adiante para dar algumas ideias de como você poderia superá-las e como outros que enfrentaram preocupações semelhantes encontraram uma maneira de avançar. Se você achar que qualquer uma dessas coisas — ou mesmo outras — está te atrasando ou te impedindo de realizar seu potencial, talvez seja interessante considerar procurar ajuda profissional para lidar com essas questões de uma vez por todas.

Capítulo 1
Superando o medo e os riscos

"Ninguém pode sabotar seu sucesso além de você mesmo."
RALPH WALDO EMERSON

O medo pode ser paralisante, mas saber e compreender o que é o seu medo pode ser o primeiro passo para enfrentá-lo. O melhor antídoto para o medo ao passar por uma mudança de carreira é descobrir se ele é baseado na realidade ou se é meramente uma percepção. Em outras palavras: é verdade que você não pode se tornar um neurocirurgião semv ter estudado para ser médico, mas pensar que eles não aceitam pessoas com mais de vinte e cinco anos para cursos de medicina é uma percepção.

Ao listar o medo, você pode então reunir evidências para determinar o que é real e o que é fabricado e descartar as percepções negativas que o estão impedindo de avançar. Muitas pessoas parecem sentir que, se não fizerem nada, tudo acabará se resolvendo alguma hora, e elas vão lidando com os percalços da estrada à medida que surgem. Elas farão quase tudo para não fazer uma escolha para avançar. A ironia é que decidir não fazer nada também é uma escolha, e muitas vezes significa estar à mercê de fatores fora do controle delas.

RISCO CALCULADO

Não há como evitar: em algum momento, se você quiser avançar, terá que dar um salto da fé — mas, ao baseá-lo em pesquisa e conhecimento, ele parecerá menos assustador. Há um momento em *Indiana Jones e a última cruzada* em que Indiana é confrontado com o abismo aparentemente insuperável que há entre ele e o Santo Graal. Ele sabe o que está fazendo, e a jornada até aquele ponto depende do conhecimento que usa para evitar as armadilhas colocadas em seu caminho. Diante do fosso, ele tem que confiar no que sabe e na pesquisa que vem fazendo, e quando avança em direção ao abismo aparente acaba encontrando uma ponte escondida. O que seria preciso para você dar esse salto da fé na sua busca por uma carreira?

Se você está travado no lugar, pode ser útil destacar os pontos problemáticos e criar um plano de ação para resolvê-los (Tabela 1.1).

Tabela 1.1

Problema/ponto de tensão	Opções de resolução
Por exemplo: Por pelo menos dois anos, não vou ganhar dinheiro suficiente para sustentar meu estilo de vida atual.	Por exemplo: Reavaliar o estilo de vida atual e ver onde há economias potenciais que eu poderia fazer sustentavelmente por dois anos. Criar uma conta poupança para cobrir a diferença entre o novo salário e a quantia necessária para sustentar o meu estilo de vida. Fazer um empréstimo para fins profissionais e de desenvolvimento de carreira, de forma a bancar uma reciclagem e utilizar as economias para despesas adicionais durante os próximos dois anos.

Capítulo 2
Encontrando a motivação e a atitude certas

"A necessidade é a mãe da invenção."
PROVÉRBIO

Se há uma coisa que encontramos repetidas vezes enquanto trabalhamos com pessoas que passam pelo processo de decisão sobre o direcionamento ou mudança de carreira, é que aqueles que são bem-sucedidos estão motivados e têm a atitude positiva certa. As pessoas que chegam ao final dos exercícios e pesquisas sabendo a direção de sua futura carreira são as que superaram obstáculos do passado, ceticismo, nervosismo, falta de confiança e restrições de tempo. Sabemos por experiência própria que, muitas vezes, é mais fácil falar do que fazer, mas esperamos que esta seção o ajude quando se deparar com alguns dos obstáculos que certamente surgirão à medida que avançar na leitura do livro.

ENCONTRANDO SUA MOTIVAÇÃO

É muito importante que você encontre a motivação dentro de si para mudar. Apenas folhear este livro na esperança de que a mudança aconteça por osmose não vai funcionar, pois só você é capaz de trabalhar para que isso aconteça. Também raramente funciona bem se você está pressionando alguém a fazer uma mudança de carreira, avançando em seu próprio caminho pela leitura do livro em nome dessa pessoa (talvez você seja um pai ou parceiro bem-intencionado).

Depois de ter encontrado sua motivação, é importante encontrar e manter uma atitude positiva, mesmo nos momentos mais decisivos. Esperamos poder ajudá-lo a alcançar essa atitude, fornecendo estudos de caso de pessoas que já percorreram esse caminho e foram bem-sucedidas. Às vezes, quando você está batalhando por algo, precisa "fingir até conseguir" — fazer de conta que tem a confiança e a crença em você mesmo até que as coisas comecem a se encaixar. É surpreendente o quão eficaz isso pode ser como estratégia para manter a dinâmica e continuar avançando apesar das dúvidas. Há muitas pesquisas e até mesmo programas de televisão que tiram as pessoas de sua zona de conforto e lhes ensinam a simular uma situação até que consigam a linguagem própria àquela situação, além da confiança e competências básicas para fazer as pessoas acreditarem nelas e em suas capacidades. Esse fingimento pode ser difícil de começar, seja convencendo as pessoas de que você está confiante e positivo sobre a carreira que decidiu, seja superando o nervosismo para ir a uma entrevista. Temos visto repetidas vezes que há um ponto em que você se move da posição de alguém que está fingindo para a de alguém que chegou lá, e esse comportamento começa a se tornar uma segunda natureza.

Você pode usar as mesmas estratégias à medida que passamos por esta metodologia juntos, e é incrível como ela pode ser eficaz, especialmente se você estiver se sentindo um pouco cético ou carente de confiança. Alguma experiência — mesmo que não seja remunerada, ou que seja por um período de tempo relativamente curto — pode ser "suficiente" para ajudá-lo a se apresentar como conhecedor de uma determinada área.

> Sendo um consultor relativamente novo após sua mudança de carreira, as únicas perguntas que James recebia eram sobre o que ele poderia fazer por seus clientes e que exemplos tinha de sucessos recentes. Nunca perguntavam há quanto tempo ele era consultor, o que definitivamente

o ajudou quando estava começando. James havia aprendido a se sentir confiante em uma nova área onde tinha experiência limitada, embora o pouco que tivesse fosse extremamente relevante. Ele nunca deu voluntariamente a informação sobre a pouca experiência que tinha, escolhendo se concentrar no que era capaz de fazer.

Toda mudança é arriscada e, como seres humanos, muitos de nós faremos quase tudo para evitar a mudança até que não tenhamos alternativas. Embora você não possa eliminar todo o risco quando se trata de progredir ou mudar sua carreira, às vezes ficar onde está pode realmente ser a opção mais arriscada e muito menos satisfatória a longo prazo. Para alguns, a transição para uma nova carreira, uma reciclagem ou o progresso dentro de uma organização pode levar anos, então pode ser um processo gradual onde você pode testar a água ao invés de ter que se comprometer muito, cedo demais.

EXERCÍCIO SOBRE A ATITUDE PARA MUDAR

Se você acha que sua determinação está vacilando e se preocupa que talvez esse seja um grande problema, vale a pena considerar as seguintes questões:

Se você não fizer nada, onde estará daqui a cinco anos?

____

____

____

O que acha dessa resposta?

____

____

____

Qual é o risco caso você não faça uma mudança?

____

____

Qual é a pedra no meio do seu caminho?

Se essa pedra já não fosse mais um problema, o que você faria a seguir?

Nós encorajamos você a continuar, mesmo que perceba que sua mudança de carreira ou progressão vai demorar mais do que imaginava. O resultado final valerá a pena e você não está sozinho — muitos dos que mudaram de carreira enfrentaram a mesma preocupação, mas ficaram tão satisfeitos que continuaram. Você também pode descobrir que, uma vez que tenha decidido mudar de carreira, pode ser desviado do rumo por um evento inesperado ou mudança de circunstâncias; no entanto, se você mantiver a inércia, a motivação e a atitude, e se souber para onde está indo, é muito mais provável que chegue ao seu destino.

Estudo de caso: Henry Teare

Depois de entrar para a universidade e fazer um curso de administração de empresas, eu ainda não tinha certeza do que queria fazer com a minha carreira. Muitos amigos estavam indo trabalhar em bancos e achei que devia fazer o mesmo, pois parecia uma boa ideia pagar algumas dívidas. Logo percebi que não queria ser uma engrenagem pequena em uma máquina grande, e acabei caindo de paraquedas na função de vender espaço de publicidade em uma pequena empresa. Ainda sem me sentir realizado, finalmente percebi — no fundo sempre soube — que sonhava em fazer algo criativo com as mãos, longe de um ambiente de escritório. Desapontado com os cortes de cabelo que faziam em mim, comecei a cortar meu próprio cabelo, e então alguns amigos começaram a me pedir que cortasse o deles também.

Àquela altura, estava pensando em carpintaria, paisagismo ou construção, e não tinha pensado que ser cabeleireiro era uma opção. Então, uma noite, acordei em pânico, preocupado com uma apresentação para uma agência de mídia para a qual eu não tinha me preparado, e a ficha caiu. Não podia continuar daquele jeito. Eu tinha que ser feliz, apaixonado e orgulhoso do meu trabalho. Comecei a pensar sobre qual profissão me agradaria mais e, quanto mais pensava em ser cabeleireiro, mais essa opção contemplava o estilo de vida certo para mim.

Eu seria criativo e ativo no meu trabalho, ganharia uma habilidade que potencialmente me permitiria viajar e, o mais importante, faria outras pessoas felizes todos os dias. Decidi me encontrar nessa área e procurar experiências de trabalho à noite e aos fins de semana. Quanto mais fazia essas coisas, mais queria aprender. Então, conheci um antigo professor da Vidal Sassoon que estava montando um salão, e agarrei a oportunidade de me juntar a ele. Sabia que seria difícil financeiramente e que eu precisaria aprender tudo do princípio, mas tinha que tentar. Levou alguns anos de trabalho árduo, mas, quando percebi que era um cabeleireiro capaz, finalmente fiquei orgulhoso das minhas realizações pela primeira vez desde que era adolescente.

Estou há cinco anos nessa carreira e recentemente consegui um emprego em um salão de beleza, o James Brown, no West End em Londres. Esses primeiros dias de preocupação com o fracasso estão todos no passado, e estou ansioso por abrir novas portas no mundo do corte de cabelos.

O que me ajudou no começo foi me imaginar no mesmo emprego dentro dos próximos cinco a dez anos. Eu queria ser essa pessoa? Infeliz no trabalho e insatisfeito, preso numa rotina? Acho que o mais importante é ser apaixonado, seja por uma habilidade, serviço ou produto que você vende, e então dar pequenos passos para descobrir mais sobre ele. A aprendizagem, então, virá facilmente. Essa paixão impulsionará o sucesso e em seguida virá uma melhor qualidade de vida.

Capítulo 3
Crenças limitantes

"Insanidade é fazer a mesma coisa da mesma maneira
e esperar um resultado diferente."
PROVÉRBIO CHINÊS

Uma coisa é certa quando se passa por este processo: você enfrentará obstáculos ao longo do caminho, tanto reais quanto imaginários, e a diferença entre passar por eles ou ficar preso se resume em grande parte à sua atitude.

Muitas vezes, os maiores obstáculos que enfrentamos são os imaginários. Se você já passou por um processo de coaching ou se já leu alguma coisa sobre o assunto, pode ter ouvido falar de crenças limitantes. São as crenças que acumulamos ao longo da vida e que podem, em algum momento, ter funcionado bem para nós, mas raramente examinamos se elas ainda são úteis. Elas muitas vezes partem de coisas que ouvimos desde muito cedo — exemplos comuns são coisas como:

"Nunca fui muito inteligente."

"É um sonho impossível esperar encontrar o emprego perfeito."

"Minha família sempre teve dificuldades no ambiente de trabalho e acredito que o mesmo vai acontecer comigo."

"Meu pai sempre brincava comigo que eu tinha grandes planos, mas nunca os realizava."

"Tenho sorte de ter um emprego — pensar que consigo encontrar algo que me agrade ao mesmo tempo em que me dê dinheiro não é uma realidade."

"Eu nunca vou ganhar bem."

"Tendo a me dispersar fácil e ser um pouco preguiçoso — meu professor costumava me dizer que nunca chegaria aos níveis mais altos de uma carreira."

"Meu professor disse que eu devia continuar a trabalhar com números, pois não era assim tão bom com as pessoas."

E a lista pode ir muito além. Então, o primeiro passo para você neste estágio é ser honesto consigo mesmo e escrever uma lista dos pensamentos que estão se colocando no seu caminho. Você acha que vai falhar? Por quê? Quanto mais coisas revelar, melhor!

Camilla foi coach de uma pessoa que foi dissuadida de se tornar redatora quando tinha quinze anos, depois que a avó e o pai agricultor disseram que essa não parecia ser uma boa maneira de ganhar a vida.

Quando discutimos sobre qual era a origem da crença deles, ela conversou com os dois, e eles não se lembraram da conversa que tinha interrompido o sonho de carreira dela. Ela passou a estudar redação em tempo parcial e tirou um tempo para conversar com as pessoas da área antes de fazer a mudança para a publicidade em tempo integral. Pode parecer óbvio, mas você sempre tem uma escolha sobre como reagir ao que lhe é dito. Depende apenas de você o que fazer com o que está sendo dito. Quando alguém lhe oferece conselhos ou o afasta de uma direção na qual você está seguindo, sempre vale a pena se perguntar por que eles lhe deram esses conselhos, no que se basearam e se enxergam seu futuro da mesma forma que você. Você pode então decidir seguir o conselho ou não, ou apenas assinalá-lo como uma opinião que não é útil nesse caso. Nossa experiência é que aqueles que encontram a direção de carreira que parece "certa" muitas vezes passam parte do seu tempo com pessoas que alcançaram o que eles se propuseram a alcançar. É delas que recebem os comentários de maior apoio, pois sabem que tudo é possível. Eles passaram por isso e se deram bem!

EXERCÍCIO DE IDENTIFICAÇÃO DE OBSTÁCULOS

Chegar ao fundo de suas crenças limitantes é realmente necessário, para reconhecê-las se elas começarem a atrapalhar seu caminho, e esperemos que você seja capaz de lidar com elas, uma de cada vez. Você descobrirá, enquanto continuamos, que mais dessas crenças limitantes aparecem em sua própria cabeça ou são contribuídas por amigos e familiares bem-intencionados. Continue voltando a este primeiro passo de ação para validar se é algo a ter em mente ou a deixar de lado e seguir em frente.

Liste uma crença limitante que você tem.

____

____

____

Quem lhe disse isso?

____

____

____

A opinião dessas pessoas se baseia em fatos ou provas ou é apenas uma opinião? Se não tem a certeza, peça a eles que lhe deem provas para confirmar o que estão dizendo.

____

____

____

Essas pessoas são gabaritadas para lhe dar bons conselhos sobre o assunto que estão comentando?

Conhece mais alguém com quem possa se consultar sobre esse conselho ou declaração?

À medida que adicionar itens à sua lista de crenças limitantes, pergunte a si mesmo se cada uma delas está ajudando ou impedindo você. Se suspendesse essa crença por um momento, quão diferente seria sua abordagem? Às vezes, essas preocupações vêm de dentro. Talvez, você tenha tido um mau dia e se questionado: "Será que sou esperto o suficiente?" Ou: "Eu não vou bem em entrevistas, então qual é o objetivo?" Ou: "Eu nunca serei capaz de fazer isso, por isso é melhor nem tentar." São as tais crenças limitantes, mais uma vez. Você vai descobrir que é um pouco como descascar uma cebola — mesmo quando acha que chegou à última camada, há outra, mas, quanto mais obstáculos revelar, e depois remover, sobrarão menos para enfrentar!

> Jane se lembra de ter telefonado a uma das suas amigas mais velhas para dizer que estava se movimentando na área de recrutamento para ser coach de carreira. A amiga gritou para o marido enquanto estava ao telefone com ela, dizendo: "Jane diz que vai ser coach de carreira!" Então, disse categoricamente que eles pensavam que ela nunca iria ganhar dinheiro com isso. Vários anos se passaram e Jane estabeleceu um negócio de sucesso. Ironicamente, Jane dormiu uma noite na casa desses amigos antes de ministrar um workshop em uma universidade local — pelo qual, aliás, foi paga!

Quando você está lidando com suas crenças limitantes, pode ser difícil permanecer positivo. Para muitos de nós, as dúvidas e pensamentos negativos parecem fluir de forma muito mais fácil. Se isso faz sentido para você, então talvez valha a pena criar uma pasta de "coisas positivas". Esta pasta pode ser preenchida com qualquer feedback positivo que você tenha recebido ao longo dos anos: cartões, cartas de recomendação, bons relatórios, e-mails de agradecimento de gerentes ou colegas — você captou a ideia. Quando você começa a se perguntar se tem a habilidade, ler algumas dessas coisas pode ajudá-lo a voltar à realidade e fornecer evidências sólidas de suas habilidades. Este registro também pode ser útil quando você está compilando um currículo para lembrá-lo de suas conquistas ou habilidades.

Também pode ser útil pedir o apoio de um amigo ou talvez de um membro da família que, às vezes, vai desafiar alguns de seus pensamentos. Um aviso: escolha pessoas que são solidárias e desafiadoras em vez das que são bem-intencionadas, mas que parecem ter interesses próprios (por exemplo: será que lhes convém que você permaneça no mesmo nível que elas? Eles te enxergam de uma certa maneira e não querem que você mude? Etc.).

Capítulo 4
O poder da escolha

"A maior arma contra o estresse é a nossa
capacidade de escolher um pensamento em vez de outro."
WILLIAM JAMES

A escolha pode ser uma coisa maravilhosa — dá sensação de controle e poder sobre as nossas vidas e, quando a abraçamos, pode nos colocar no caminho para libertar o nosso potencial. Fazer escolhas também pode ser assustador, algo que regularmente tentamos evitar usando de tergiversação e hesitação, nos esquecendo que tergiversar e hesitar também são escolhas. Então, nossa pergunta é: você está pronto para escolher o otimismo? Está pronto para escolher seguir em frente? Está pronto para escolher um caminho que pode estar repleto de dificuldades, mas que, em última análise, pode levá-lo à carreira de seus sonhos? Não?

Talvez suas circunstâncias sejam tais que agora não é a hora certa para isso. Tudo bem. Há caminhos curtos e longos para encontrar a carreira que você está procurando, e suas circunstâncias podem muito bem afetar o caminho que você escolher. Apenas pedimos que esteja atento às escolhas que está fazendo (ou não) para contribuir para o seu objetivo final, todos os dias. No entanto, se você escolheu pegar este livro em vez de dar de ombros, você começou bem! Muitas vezes pode parecer que a jornada está cheia de obstáculos, mas a percepção de que tem a escolha final sobre como ver ou mesmo enfrentar esses obstáculos pode devolver a você o senso de poder.

Então, começando pelo começo:

- Que escolha você vai fazer?
- Está pronto para começar a olhar para a sua carreira agora mesmo? Ou parece que este não é o momento certo?
- Está disposto a se comprometer a gastar quinze minutos por dia para descobrir mais sobre si mesmo e começar a construir uma ideia da carreira certa para você? Ou está lotado de trabalho, cansado com um bebê recém-nascido, ou simplesmente não se sente motivado?
- Está disposto a se forçar para fora da sua zona de conforto para pedir ajuda ou falar com alguém que não conhece? Ou prefere fazer a pesquisa dessa fase na internet e ficar "escondido"?
- Está procurando oportunidades ao seu redor todos os dias para construir seu conjunto de habilidades, entender suas habilidades transferíveis ou pedir feedback sobre como você pode melhorar? Ou prefere pensar um pouco mais sobre isso antes de dizer às pessoas o que está planejando?

E assim a lista continua. Todas as perguntas acima têm respostas legítimas, e só você pode saber se está pronto para realmente se comprometer a avançar para a sua carreira ideal. A escolha é sempre sua; continuar ou parar, começar ou procrastinar, cada opção é uma escolha.

Qual vai ser a sua?

Capítulo 5
Não escolhi fazer uma mudança — ela me foi forçada

"Quando está escuro o suficiente, você consegue enxergar as estrelas."
RALPH WALDO EMERSON

Por vezes, enfrentamos acontecimentos que mudam a nossa vida e que podem nos desviar do nosso rumo, mesmo que esse rumo não fosse o correto para nós de qualquer forma. A maneira com que você reage depois de ter lidado com as consequências imediatas de qualquer acontecimento que mude a sua vida, quando algo fora do seu controle acontece, muitas vezes determina se você é capaz de avançar de forma construtiva. Vimos em primeira mão como isto pode ser difícil e sabemos que haverá altos e baixos, mas também vimos que é cada vez mais comum que um evento que muda a vida das pessoas as envie em uma direção nova ou mais focada.

Estudo de caso: John Smith

Passei vinte anos na área de bancos de investimento, primeiro como analista de mercado de ações e depois como líder de várias empresas da cidade. Minha última posição foi a de diretor global de ações no ABN Amro, na qual era responsável por 2.500 pessoas em quarenta e cinco países e por mais de um bilhão de euros em receitas. Passei meu tempo viajando ao redor do mundo, construindo equipes, decidindo estratégias e conduzindo o negócio para um P&L (um demonstrativo de lucros e perdas) aprimorado. A mudança para mim veio quando o nosso terceiro filho foi diagnosticado como autista pouco antes de seu quarto aniversário.

Nessa fase, Fraser era não verbal, muito complicado do ponto de vista comportamental e um verdadeiro espoleta. Foi uma decisão bastante simples desistir do trabalho, estudar para ser terapeuta comportamental e trabalhar em tempo integral com meu filho. Ele começou a melhorar e, anos mais tarde — embora ainda seja notavelmente autista —, ele agora tem muito vocabulário, é um jovem feliz e alegre, e nós vivemos uma vida relativamente normal.

O inesperado foi a relevância do trabalho comportamental para o meu mundo anterior em São Francisco, mais particularmente em relação ao modo que as pessoas aprendem, o que as motiva, e como o comportamento dos líderes pode influenciar aqueles que os seguem. Àquela altura, também me pediam que orientasse os jovens que chegavam à minha antiga área de trabalho, e parecia um passo óbvio encontrar uma saída para isso que se associasse ao meu trabalho comportamental. Quando Fraser começou a melhorar, eu tinha capacidade de fazer outras coisas, mas ainda precisava de flexibilidade para lidar com suas necessidades e deficiências. A resposta estava no coaching executivo. Nos últimos dez anos, construí minha própria técnica de coaching e trabalhei com centenas de clientes individualmente para ajudá-los a melhorar seu desempenho. Trabalhei com consultoria, na área de contabilidade, com direito, com o governo, com o mercado imobiliário, com capital privado e com múltiplos bancos de investimento. Eu agora trabalho em média três dias por semana, tenho flexibilidade e sou sortudo de ter um trabalho gratificante, variado e interessante. Minha realização vem de ver as pessoas superando obstáculos e atingindo o seu potencial. Para mim, a lição foi decidir o que era importante na minha vida e construir um trabalho em torno disso, e não o contrário. Junto com o fato de ter encarado um enorme desafio como oportunidade de aprendizagem, estou encantado e aliviado com a forma com que isso funcionou para todos nós.

Elisabeth Kübler-Ross apresentou pela primeira vez o modelo das fases do luto em seu livro *On Death and Dying* [*Sobre a morte e o morrer*] (1969). Originalmente, esse modelo foi utilizado para compreender as fases pelas quais se pode passar quando se enfrenta uma doença terminal, mas foi posteriormente expandido para cobrir outras perdas pessoais graves, como uma perda de emprego ou uma mudança importante. Ainda é um modelo útil para os clientes que ficam presos em uma determinada fase, para que possam ver onde estão e compreender que é uma resposta perfeitamente normal que superarão para seguir seu caminho.

Etapa 1: Negação
"Eu não estou em risco, isso não está acontecendo comigo", "Eu sou bom demais para que isso aconteça comigo".

Etapa 2: Raiva
"Como se atrevem a me despedir?", "Depois de todos esses anos de serviço, é assim que me tratam".

Etapa 3: Barganha
"Talvez se eu reduzir a minha carga horária", "E se eu me oferecer para reduzir o meu salário?"

Etapa 4: Depressão
"Eu sou um lixo", "Nunca vou conseguir outro emprego tão bom como esse".

Etapa 5: Aceitação

"Só depende de mim, então posso continuar em frente", "Bom, posso muito bem olhar isso tudo pelo lado positivo".

Se você pegou este livro como resultado de um evento que mudou sua vida, mas está lutando para seguir em frente, pode ser interessante considerar trabalhar com um terapeuta ou coach para ajudá-lo a estabelecer o que está bloqueando seu caminho, a descobrir se você está pronto para começar a seguir em frente e a definir como você vai fazer isso. Como dissemos no início desta seção, como com tantas coisas na vida, é uma questão de escolha tomar uma atitude positiva e definir se e como você decidirá seguir em frente.

Capítulo 6
Encontrando a hora e o ímpeto para fazer acontecer

"Faça as coisas difíceis enquanto elas são fáceis e as grandes coisas enquanto elas são pequenas. Uma viagem de mil milhas deve começar com um único passo."
LAO TZU

Um dos principais obstáculos percebidos para trabalhar em sua carreira pode ser a falta de tempo. Com tantas demandas da atualidade, esse pode parecer um obstáculo muito real, mas a nossa experiência tem mostrado que, com alguns pequenos ajustes, é possível encontrar a quantidade de tempo que você vai precisar para avançar.

No entanto, se você acha que isso será um problema, vale a pena perguntar a si mesmo se está suficientemente entusiasmado com seus objetivos para dedicar tempo para trabalhar em prol deles. Há alguma coisa que você pode fazer para se motivar? Você pode dividir sua mudança de carreira em partes ou transformá-la em objetivos distintos menores para que ela pareça mais gerenciável? Nossa experiência é que, se você definir metas alcançáveis que o estimulem, é mais provável que priorize seu tempo e, quando analisar como passa seus dias, talvez possa ver como pode conquistar esse tempo extra. Talvez signifique ver menos televisão ou se levantar meia hora antes. Se você estiver suficientemente motivado, será mais fácil encontrar maneiras criativas de ganhar tempo para trabalhar em sua carreira. Pode significar garimpar cinco minutos por dia para fazer um pouco mais de pesquisa sobre o setor no qual você está interessado ou para enviar um par de e-mails pedindo informações. Períodos de tempo pequenos e frequentes são potencialmente tão eficazes quanto um eventual dia inteiro. É uma questão de decidir o que funciona melhor para você.

Embora este não seja um livro sobre gestão de tempo (e recomendamos um na seção de referências e recursos, caso você esteja sofrendo com essa questão), ser eficaz com o tempo que você tem para dedicar à sua carreira irá valer a pena. Ter um prazo realista para mudar de carreira também é importante, pois muitos dos nossos clientes parecem perder o entusiasmo e o ímpeto se deixarem todo o processo solto. Estabeleça objetivos para cada semana e mês e tente cumprir os prazos que definiu para que possa sentir que está fazendo progressos, mesmo que seja um pequeno passo de cada vez. Você pode querer trabalhar com um amigo ou parceiro que também está interessado em fazer uma reavaliação de carreira, de forma que um mantenha o outro avançando ao longo do processo quando começar a dar sinais de desânimo.

Capítulo 7
A questão do dinheiro

"Uma boa decisão se baseia no conhecimento, e não em números."
PLATÃO

Ah, o dinheiro… possivelmente o maior dos obstáculos que impedem as pessoas de realmente irem atrás do que querem em sua carreira. As preocupações comuns incluem: "Terei que aceitar uma redução de salário para me reciclar?", "Como me adaptarei a um fluxo de caixa reduzido?" e "Como vou lidar com a incerteza financeira?". Não há como contornar esse assunto para a maioria das pessoas, e ele realmente não pode ser ignorado. É importante que você olhe para a questão, pesquise suas opções e faça um plano para que se sinta seguro a cada passo.

Muitas vezes comparamos a mudança de carreira à decisão de treinar acrobacia de trapézio. Aqueles que decidem mudar de carreira muitas vezes abordam a coisa toda com uma sensação de leve excitação, mas também com um medo de falhar, ou de que a mudança não seja possível. Essas pessoas se imaginam subindo até o topo do picadeiro para aprender como se tornar uma acrobata e sendo convidadas imediatamente a vestir o macacão de lycra, subir a dez metros de altura, balançar no trapézio e saltar quando um jovem elegante surgir balançando na direção delas com os braços estendidos. Elas parecem se sentir da mesma forma sobre como abordar uma mudança de carreira — tudo um pouco assustador, emocionante se funcionar e absolutamente doloroso se der errado. Não admira que estejam assustadas. Na realidade, o treinador no topo do picadeiro está lá para ajudá-lo no processo de aprendizagem, com o mínimo de dor possível e de preferência sem o macacão de lycra! Você seria equipado com um cinto de segurança apertado para mantê-lo seguro, e começaria a balançar no trapézio a apenas alguns metros de altura, sobre uma rede de segurança. Quando você está pensando em fazer uma mudança de carreira, a primeira coisa a fazer é definir sua rede e seu cinto de segurança: muitas vezes isso significa dinheiro, uma reserva financeira para dar uma sensação de proteção. Uma vez que a rede e o cinto estejam no lugar, há um ponto no processo em que você vai querer subir mais alto e tirar o cinto, e vai se sentir tão confortável no primeiro trapézio que estará pronto para dar o salto da fé e ser pego pela pessoa no outro. Então, nessa analogia, quais seriam seu cinto e sua rede de segurança? Ter dinheiro suficiente para passar pela mudança seria um deles?

Ao avançar no livro, haverá um ponto em que você terá uma ideia do que quer fazer e um plano de ação de como alcançá-lo; nesse momento, o obstáculo do dinheiro pode muito bem aparecer. Pode ser custoso — seja a perda de rendimento em termos de mudança de salário ou a necessidade de pagar por formação, entre outros. Mas, antes de se preocupar com o obstáculo do dinheiro que pode interromper seu caminho, aqui estão apenas algumas coisas que você deve considerar:

- Seja realista e descubra quanto dinheiro você vai precisar em sua rede de segurança financeira ou em seu porquinho para fazer acontecer;

- Desenvolva um plano de ação específico sobre como você vai fazer acontecer;
- Elabore um orçamento das suas despesas mensais — passando por cada item para ver se há o que poupar e cortar;
- Vai demorar algum tempo para começar a poupar para a sua rede de segurança financeira?
- Vai conferir se há um empréstimo disponível?
- Há a possibilidade de trabalhar meio-período enquanto se prepara e se recicla?
- Verifique de novo — quanto dinheiro você realmente vai precisar para uma quantidade finita de tempo enquanto faz a mudança, e quanto tempo você pode sobreviver com rendimentos reduzidos?

Se o dinheiro é um problema, só você sabe o quanto vai precisar para fazer acontecer e reduzir seu estresse. Seja realista. Se precisar levar um pouco mais de tempo para alcançar seu objetivo enquanto cria sua rede de segurança financeira, esse é um tempo bem gasto, desde que você mantenha seu ímpeto e encontre coisas para fazer em paralelo que promovam suas aspirações de carreira com mais networking, pesquisa etc. Esteja ciente de que algumas carreiras exigirão que você tenha dinheiro para reciclagem e equipamento — e isso, obviamente, precisa ser levado em conta em seu plano geral. Às vezes, o custo das instalações ou do equipamento é surpreendente; isso é algo a se descobrir na fase de pesquisa do seu processo de carreira. Sem dúvida, há alguns compromissos que são absolutamente fundamentais (pagamentos de pensão aos filhos, de hipoteca ou de aluguel), mas mesmo compromissos que parecem impossíveis de serem alterados podem ser flexíveis: tivemos clientes que, por exemplo, tiraram seus filhos das escolas privadas para se mudar para uma área onde há boas escolas públicas e alguns que foram para uma propriedade menor, ou se mudaram para outra parte do país onde as propriedades são mais acessíveis, a fim de liberar algum dinheiro para permitir uma mudança de carreira.

Estudo de caso: Colin Barrett

Em outubro de 1993, eu me formei na universidade com uma boa nota em Filosofia e nenhuma ideia sobre o que fazer com a minha vida (aparentemente, apenas a Igreja Católica estava empenhada em empregar licenciados em filosofia). Então, comecei a responder a praticamente todos os anúncios de empregos para "licenciados" publicados no jornal. Meu primeiro emprego foi numa grande companhia de seguros de vida em Kent. De lá, eu me mudei para o Lloyd's of London, e depois para a Reuters. Não havia nenhum grande plano, apenas o desejo de estar em Londres e trabalhar para uma companhia conhecida. Caí de paraquedas em uma função chamada gerenciamento de produto, que envolve uma pequena quantidade de conhecimento técnico, grandes quantidades de senso comum e uma capacidade de ser vagamente organizado. Cumpri meu tempo nas grandes corporações, viajei um pouco e, no geral, me diverti bastante. No entanto, no final dos anos noventa, ficou bastante claro para mim que eu não estava no radar de ninguém para ser promovido. Trabalhei em uma empresa gigantesca com uma estrutura de gestão relativamente plana. Fui bem pago, fui competente no meu trabalho, mas não dava realmente o sangue por ele, e por essa razão eu acho que havia um monte de pessoas à minha frente na fila para se mudar para o inebriante mundo da gerência.

Nessa época, também comecei a olhar em volta para contemporâneos que eram entre dez a quinze anos mais velhos do que eu. Estas pessoas eram relativamente bem remuneradas e, quando estavam lá pelos quarenta anos, a maioria era profundamente cínica em relação ao "trabalho". Como grupo, pareciam partilhar duas coisas em comum: permaneciam no emprego principalmente por causa das pensões prometidas pela empresa e estavam todos petrificados de medo de serem despedidos na próxima reorganização interna (a certa altura, quase um evento quinzenal na Reuters).

Tomei duas decisões importantes: 1. Ninguém iria me arrancar da obscuridade e me orientar ao longo da hierarquia e 2. Nunca quis estar em uma posição em que não estivesse confiante sobre estar no comando do meu próprio destino. Para mim, a mudança precisava ser radical. Eu sabia que tinha que recomeçar do zero. Não foi fácil reconhecer para mim mesmo que a primeira década da minha vida profissional tinha sido uma perda de tempo. Eu tinha amigos que estavam indo bem e avançando profissionalmente, e lá estava eu prestes a voltar à estaca zero. Para fazer isso, sabia que precisava sair de Londres, e sabia que tinha que encontrar algo que atendesse todas as minhas exigências.

Felizmente, tive (e ainda tenho) a sorte de estar casado com uma coach de carreira incrível, que pacientemente me ajudou a identificar esse papel. Quando todos os planos finalmente foram estabelecidos, mudamos de Londres para Yorkshire e eu comecei a me preparar para minha nova carreira como planejador financeiro. Uma das coisas que percebi muito cedo foi que aquele seria um grande empreendimento financeiro. A menos que pudéssemos nos financiar por pelo menos dezoito meses, haveria pressão demais e eu provavelmente acabaria voltando para um trabalho de gerenciamento de produtos baseado no norte do país. Precisávamos ganhar tempo, e isso envolvia reservar uma grande quantidade de dinheiro. Fizemos isso vendendo nossa casa em Londres e, em vez de fazer um upgrade, compramos uma casa de tamanho equivalente em Yorkshire. A diferença de preço permitiu que guardássemos dinheiro suficiente para nos apoiar durante os primeiros anos da minha mudança de carreira.

Comecei em serviços financeiros bem na base, aprendendo o trabalho de baixo para cima. Mas desta vez, porque eu tinha um plano definido e uma vontade real de ser bem-sucedido, cheguei rapidamente ao ponto de poder aconselhar os clientes. O aconselhamento financeiro é também uma carreira onde você pode se diferenciar através de qualificações, e por isso passei dois anos fazendo provas (adaptadas à rotina do trabalho e de uma família recém-formada) para acelerar o meu progresso. Cinco anos mais tarde, eu tinha participação em um negócio de planejamento financeiro de alto nível, assessorando clientes em todo o país. Mas, depois de mais alguns anos, comecei a sentir aquele comichão familiar. Descobri que, ao atingir os quarenta, coisas que me motivaram tinham mudado, portanto era hora de mudar de rumo. Mais uma vez, a autorreflexão que desencadeou minha primeira mudança de carreira foi inestimável.

Divido agora meu tempo entre o planejamento financeiro e a criação de uma startup no setor da educação.

Se pudesse dar um conselho útil aos potenciais candidatos à mudança de carreira, seria o seguinte: se você está pensando em fazer uma mudança radical, não subestime quanto tempo levará para se restabelecer, certifique-se de que tem uma reserva financeira boa o suficiente para levá-lo adiante e não espere que a mudança seja o fim da jornada — é mais provável que ela seja só mais um passo.

Outras opções que você pode considerar incluem:

a) Fazer uma transição gradual usando suas habilidades existentes

Às vezes, é possível usar suas habilidades antigas para ajudá-lo na transição para uma nova área ou para lhe dar suporte em uma área que não paga muito, mas que você gosta. Temos trabalhado com muitas pessoas que combinaram diferentes empregos para fazer uma carreira portfólio (ver Parte III), onde cada emprego tem um propósito específico e acrescenta coisas diferentes às suas vidas.

Alison trabalhava originalmente como compradora para uma empresa de telecomunicações. Ela se interessou pela nutrição depois de ler um livro sobre o tema e se matriculou em um curso de dois anos, em tempo parcial, no Instituto de Nutrição Otimizado (*Institute for Optimum Nutrition*). Ela então começou a exercer a profissão em casa enquanto permanecia em seu trabalho diário. Depois de cinco anos, começou a trabalhar em uma proeminente clínica de medicina complementar à noite. Um ano mais tarde, pediu demissão de seu trabalho diário, concentrando-se então em seu trabalho como nutricionista.

Segundo a própria Alison, uma das desvantagens de seu trabalho é a renda inconsistente, mas ela está disposta a tolerar isso pois gosta de ser sua própria chefe e tem uma grande satisfação em ajudar as pessoas a melhorar sua saúde e bem-estar.

Ela continua procurando oportunidades de trabalho em escolas e centros de saúde para proporcionar outro fluxo mais constante de renda de forma a complementar a renda flutuante de sua clínica particular.

b) Reduzir suas despesas

Às vezes, se você está em uma fase da vida em que está sustentando apenas a si mesmo, pode fazer a escolha consciente de reduzir seus gastos a cada mês.

Kate não sabia ao certo o que queria fazer quando se formou em História, mas quando uma consultoria proeminente lhe ofereceu um cargo de analista de negócios, a oportunidade parecia boa demais para deixar passar. Era um trabalho que invejava seus amigos, intelectualmente estimulante e com responsabilidade crescente, mas a jornada de dezesseis horas e trabalho aos fins de semana, aliada à cultura patriarcal, começaram a cobrar seu preço. Depois de quase dois anos, ela decidiu que o trabalho não era para ela. Sempre soube que escrevia bem e tinha sido fascinada pelo mundo do jornalismo por muito tempo, especialmente porque vários membros de sua família estavam na área. Ela queria verificar se aquele era um sonho impossível ou uma realidade, então escreveu para várias publicações pedindo por oportunidades de trabalho. Ela conseguiu estágio e, em reconhecimento ao seu entusiasmo e capacidade natural, a empresa se ofereceu para enviá-la para um curso de jornalismo. O dinheiro era substancialmente menor do que ela ganhava antes, mas a oportunidade era boa demais para perder. Ela fez o curso e mais tarde aceitou um emprego permanente na publicação. Ela ainda trabalha até mais tarde, mas agora está fazendo algo em que acredita e é muito mais feliz. Ela está construindo um plano de carreira de longo prazo baseando-se em como pode usar sua escrita e sua formação em jornalismo de novas maneiras.

A dica de Kate para outras pessoas que querem mudar as suas carreiras é mergulhar de cabeça. Você pode ter que ser criativo ao fazer algumas mudanças para que funcione, mas o lado positivo vale a pena.

c) Vender bens ou pedir ajuda financeira

Por vezes, pode ser uma opção pedir dinheiro emprestado a amigos e familiares ou ao seu banco, usar as suas poupanças ou vender ativos para libertar dinheiro suficiente para atingir o seu objetivo.

John teve que deixar a escola aos dezoito anos e começar a ganhar a vida, porque não tinha dinheiro para entrar em uma universidade. Ele encontrou uma série de trabalhos em vendas que vieram relativamente fácil, e tinha um estilo de vida que funcionava para ele. Comprou seu primeiro carro, depois um apartamento, e saía regularmente com os amigos. A vida era boa, mas ele sabia que não era suficiente. Se tivesse tido a oportunidade de ir para a universidade, o sonho seria cursar direito. Ele decidiu testar se estava realmente interessado e fez um curso noturno em direito. Passou com distinção e decidiu que era um caso de agora ou nunca. Ele vendeu seu apartamento e carro e persuadiu os pais a deixá-lo voltar a morar com eles enquanto estudava para a graduação em direito e depois o curso sobre o Código Penal. Muitas pessoas tentaram dissuadi-lo de fazer uma mudança tão grande, mas ele estava determinado a pelo menos tentar. Ele adorou o curso e, quando chegou a hora de ser entrevistado por grandes escritórios de advocacia, descobriu que sua experiência anterior lhe havia dado um alto nível de confiança e uma vantagem sobre seus colegas estudantes. Ele trabalha na área de direito há dez anos e nunca esteve tão feliz.

Como dissemos antes, quando você realmente sabe o que quer (ou seja, seus objetivos), nossa experiência diz que pode fazer acontecer, se estiver motivado, se pensar criativamente e se tiver paciência. Só você sabe do que é capaz e o quanto está disposto a fazer para superar este obstáculo — mas isso é possível.

Capítulo 8
Qualificações — ou a falta delas

Muitas vezes nos perguntam o quão importantes são as qualificações em um anúncio de emprego, pois este pode ser um ponto de estrangulamento para muitas pessoas que procuram mudar de carreira. Há realmente poucos trabalhos que exigem que você tenha qualificações específicas, mas se você deseja ser médico, auditor ou advogado, não há como contornar o fato de que as qualificações são necessárias. Se está à procura de uma mudança de carreira em que é necessária uma reciclagem profissional, descubra se é possível estudar só meio-período. Isso muitas vezes vai exigir um compromisso de tempo e de dinheiro bastante substancial, mas se você está convencido de que esse é o caminho que você deseja seguir, vale bem a pena esse investimento. Antes de embarcar na reciclagem, certifique-se de ter feito a sua pesquisa informativa (ver Parte III) e, sempre que possível, de ter sido capaz de acompanhar alguém na função desejada para garantir que você está indo na direção certa. Para a maioria das funções, no entanto, as qualificações podem, por vezes, ser negociáveis, especialmente se conseguir provar que tem experiência compatível com elas. Um número crescente de jovens à procura de emprego está adquirindo vários diplomas e qualificações e os empregadores nem sempre são capazes de avaliar se esse conhecimento adicional irá realmente corresponder ao que é necessário no dia a dia do ambiente de trabalho.

Se você vir um anúncio de emprego que desperta o seu interesse, mas que lista uma qualificação que você não tem como pré-requisito, não se desespere! Pode ser tentador simplesmente enviar o seu currículo e esperar pelo melhor, mas uma opção mais eficaz é endereçar essa lacuna e construir um caso em que sua experiência, suas competências comprovadas e seu network sejam suficientes para que lhe chamem para uma entrevista. Pense na razão pela qual você acredita que pediram a qualificação — é apenas uma pergunta padrão ou estão pedindo para demonstrar uma capacidade? Você consegue encontrar uma maneira de minimizar o risco caso optem por entrevistar você mesmo sem essa qualificação específica, aproveitando sua vida profissional passada ou outras qualificações semelhantes?

Estudo de caso: Chris Penny

Eu ia bem na escola — lembro-me de surpreender meus professores aos cinco anos de idade por ser capaz de navegar por um BBC Micro (o pilar da computação na escola primária em 1989) com relativa facilidade. Como muitos idealistas muito jovens, parti já da tenra idade com uma ideia muito clara do que queria "ser quando crescesse" — analista de sistemas. Trabalhei na escola secundária, escolhendo todos os cursos certos (tecnologia da informação, eletrônica etc.) e continuei com isso até o nível superior (computação, economia, comunicações). No final da faculdade, tive de fazer uma escolha. Eu estava sentindo um certo comichão de ficar "aprendendo" o dia todo e estava ansioso para "botar a mão na massa" o mais rápido possível — então a escolha foi fácil entre ficar na universidade por mais quatro anos ou entrar em alguma experiência profissional. Comecei um estágio numa empresa de TI local. Em três meses percebi que não servia para trabalhar com TI. Passei três meses em uma sala sem janelas e com algumas pessoas bastante deficientes socialmente e fugi dali o mais rápido possível. Lidando com o abandono de um sistema de dezoito anos de estudo, fui trabalhar em um bar... e amei desde o primeiro minuto — as pessoas, a variedade de trabalho, a música e a liberdade, mas eu sabia que não seria para sempre. Sabia que estava destinado a fazer algo de que teria orgulho, fazer a diferença e me sentir profundamente apaixonado, mas não tinha certeza do quê, quando nem como.

Tudo isso mudou um dia quando fui abordado por um dos meus clientes do bar, um homem chamado John Grace, que sugeriu que eu seria um excelente vendedor de carros. Ele trabalhava localmente como gerente da Motorpoint, um negócio de compra e venda. Àquela altura, a ideia soava abominável: a) Eu não tinha um casaco de peles, e b) Eu nunca tinha fumado um charuto na minha vida! No entanto, eu sempre fui apaixonado por carros. Meu pai comprava a revista *Auto Trader* todas as quintas-feiras, e nos sentávamos e sonhávamos juntos sobre todos os carros que nunca teríamos. Meu pai era um verdadeiro viciado em carros, mudava de veículo frequentemente, e ainda me lembro de como me sentia entusiasmado cada vez que ele entrava em seu carro mais recente. Olhando para trás, percebi que um Ford Sierra 1.8 Sapphire nunca havia sido um carro popular, mas para mim, na época... era incrível. Então saí do bar e fui vender carros.

Foi lá que descobri que o sucesso e a satisfação em uma ocupação não se deve à capacidade final. Eu nunca fui o melhor vendedor de carros do mundo, mas adorei. Vendi muitos, muitos carros. Eu sabia que tinha encontrado meu negócio; queria ficar na indústria automotiva para sempre, alimentando minha paixão enquanto crescia profissionalmente. Mas faltava uma coisa: eu ainda sentia um comichão de fazer a diferença de uma forma mais significativa. Estava em um trabalho que gostava, mas não tinha aquele sentimento de orgulho que sabia que queria.

Mas uma coisa é absolutamente certa: a paixão raramente passa despercebida por muito tempo. Nos últimos doze anos, passei de executivo de vendas a executivo em várias funções diferentes dentro da indústria. Eu agora trabalho como diretor de marca para a Auto Trader (sim, a mesma empresa que publicou a revista que meu pai comprava todas as semanas). Agora, ela é um negócio puramente digital, um dos sites mais visitados do Reino Unido, com os mais recentes e melhores tecnologias, sistemas e talentos. Passo os meus dias como embaixador do negócio, ajudando os comerciantes de automóveis a compreender melhor seus clientes, e a alegria que sentem quando compram um carro... é a mesma alegria que eu sentia. Não trocaria meu emprego por nenhum outro no mundo. Faço o que amo, faço a diferença e me sinto orgulhoso todos os dias. Ironicamente, é uma empresa de tecnologia que por acaso está envolvida com carros, mas agora posso aplicar todas as coisas acadêmicas que aprendi, em um ambiente que amo, enquanto faço algo que me apaixona profundamente.

Considerando minha jornada, meu conselho é simples. Você pode passar sua vida inteira dizendo a si mesmo que será um cão incrível, mas um dia alguém pode sugerir que você pode ser um bom gato. Não descarte essa ideia. Você vai acabar descobrindo que sempre foi um excelente gato, arranhando móveis, se sentando no colo dos velhinhos e amando cada minuto — você só estava tentando convencer a si mesmo de que deveria ser um cão. Sou um gato... e é maravilhoso!

Capítulo 9
Encontrando apoio

"Afaste-se daqueles que tentam menosprezar suas ambições. As pessoas pequenas sempre fazem isso, mas as realmente grandiosas fazem você acreditar que também pode se tornar uma delas."
MARK TWAIN

Se você é alguém que trabalha naturalmente em um projeto sem precisar de qualquer apoio ou assistência, pode pular para o próximo capítulo. Se, no entanto, você é alguém que gosta da opinião dos outros, procura a reafirmação da família e dos amigos quando toma grandes decisões, ou se prefere trabalhar em equipe em vez de sozinho, esse capítulo é para você.

A primeira coisa a considerar é que tipo de apoio irá funcionar para você:

- Gosta que alguém o desafie?
- Quer que alguém esteja incondicionalmente ao seu lado e comemore quando você atingir seus objetivos?

- Há espaço para ter tanto alguém que o desafie quanto alguém que torça por você?
- Durante quais fases do processo você acha que é mais provável que precise de apoio?

Você pode hesitar em pedir ajuda aos seus amigos, mas até os super-heróis têm ajuda e apoio. Superman tem a Lois Lane, o Batman tem o Robin... Decida quem pode ser capaz de lhe oferecer o tipo de apoio que você está procurando. Sugerimos que escolha pessoas em quem confia, que sejam honestas com você e que tenham pontos de vista diferentes, para obter feedback e ideias de brainstorming. É importante que eles o encorajem quando você ficar bloqueado ou se sentir desanimado (infelizmente, é provável que isso aconteça de vez em quando, mas passa) e, assim, ajudem a mantê-lo dentro de seu cronograma.

Dito isto, lembre-se de que eles darão conselhos subjetivos. Embora seja sempre bom reunir apoio adicional, olhe para quem te apoia e decida se o feedback ou opiniões dessa pessoa são úteis e se concorda com ela, se acha que não lhe são úteis neste momento, ou se acha que os conselhos da pessoa refletem a visão dela de mundo em vez da sua. Afinal, é o super-herói que toma a decisão final. Também é importante que você informe àqueles que te apoiam o que funciona para você e o que preferiria que eles fizessem mais ou menos.

Um aviso: muitas vezes, outras pessoas, mesmo as mais próximas, podem ter um interesse pessoal em mantê-lo exatamente onde você está. Amigos bem-intencionados podem dizer coisas como: "Você tem sorte de ter um bom emprego", "Ninguém gosta do próprio trabalho". Querer o seu bem não faz com que comentários desse tipo sejam mais positivos. Você precisará de energia e de uma autoestima intacta para progredir em sua carreira. Os chamados "amigos sanguessugas" têm que ser gerenciados cuidadosamente para que você não seja arrastado por eles. Se você acha que certos amigos não serão influências positivas quando olhar para sua carreira e potencialmente fazer grandes mudanças, talvez seja uma boa ideia não insistir no assunto quando se encontrar com eles e não solicitar seus conselhos, pelo menos enquanto estiver passando por esta fase. Completar os exercícios deste livro significa que você seguiu uma metodologia bem-pensada para deduzir o que quer do seu trabalho e como vai conseguir. Esse deve ser um longo caminho para lhe assegurar que não tomou uma decisão precipitada.

A fim de manter o ímpeto, ou caso você se sinta estagnado, pode ser uma boa ideia trabalhar com um coach de carreira. Um bom coach lhe dirá coisas que você não necessariamente quer ouvir, desafiará seu pensamento e o incentivará a crescer. Também é importante, se a relação de coaching for bem-sucedida, que vocês se respeitem um ao outro e gostem de trabalhar juntos. Na Parte III, mostramos o que procurar caso decida que quer encontrar um coach de carreira.

Se você gosta de agitar as coisas, pode considerar reunir um pequeno grupo de pessoas que pensam da mesma forma que você para trabalhar nisso como um grupo. Você pode usar este livro como modelo; faça os exercícios por conta própria e, em seguida, reúnam-se semanalmente ou mensalmente para relatar o progresso e compartilhar o que descobriu. Você também pode pensar em dividir o custo de um coach para facilitar as reuniões com todos vocês — isso pode ajudar a manter a dinâmica e fornecer um ponto de vista diferente.

Sempre há opções, mas para a maioria das pessoas é muito mais fácil fazer isto com apoio do que sozinho.

Mark atribui à esposa o ímpeto por trás de sua mudança de carreira, e diz que tem a certeza de que, sem o seu apoio e encorajamento, continuaria a ser um controlador de marketing — um trabalho que detestava, mas que pagava as contas. Ele tinha falado em ter o seu próprio negócio, mas o momento nunca parecia certo para fazer a mudança, então os anos passavam e nada mudava. Quando mencionou à esposa que a sua resolução de ano-novo era começar um negócio, ela o obrigou a isso. Ele tinha duas opções principais — ser freelancer de marketing ou trabalhar com fotografia, algo pelo qual sempre foi apaixonado. No final, combinou os dois.

Acabou demorando vinte e dois meses para que Mark colocasse seu negócio de pé, organizando uma rotina paralela de fotografia de casamento nesse meio tempo para testar o mercado e trazer algum rendimento adicional para financiar a transição. Ele se saiu bem e logo ganhou trabalho suficiente através de referências para tornar o negócio viável. Criou um plano de negócios, arranjou um bom contador e se juntou a todas as organizações profissionais de fotógrafos da sua região. Ele usou sua experiência em marketing não apenas para ajudar a comercializar seu próprio negócio de fotografia, mas também para unir forças com outros negócios complementares e criar um serviço conjunto de excelentes profissionais especializados em casamentos. Ele também trabalha com duas outras empresas, uma de fotografia comercial e outra de consultoria de marketing.

O salário de Mark é aproximadamente o mesmo de antes e as jornadas são mais longas, mas ele não tem dúvida de que seu padrão de vida é substancialmente melhor. Se não tivesse sido o apoio e empurrão ocasional de sua esposa, ele diz que provavelmente ainda estaria em uma função que odiava, perguntando "e se".

TRAZENDO PESSOAS COM VOCÊ

Fazer uma mudança na carreira pode ter ramificações para os outros e para você mesmo. É vital, no início, encontrar uma maneira de trazer essas pessoas nesta jornada, em vez de simplesmente apresentá-los à mudança como algo já decidido. Ter uma conversa franca com um ente querido pode ser um grande obstáculo no processo; por isso, quanto mais cedo essas conversas ocorrerem, melhor.

Jordan trabalhava nos negócios da família desde que havia deixado a universidade, mas nunca se sentira particularmente estabelecido ali. Ele se engajou nos exercícios de mudança de carreira e tomou a decisão de se reciclar para ser um terapeuta de lesões esportivas. Fez toda a sua pesquisa, falou com terapeutas sobre o trabalho e descobriu como poderia se preparar; ele tinha até sido aceito em um curso. Então, parou. A coisa que ele evitava já não era evitável. Tinha que dizer aos pais que estava planejando deixar o negócio deles, e que não iria assumir a firma quando eles se aposentassem. Praticou a conversa várias vezes antes de finalmente se sentar com eles e contar sua decisão. Ficaram surpreendidos por ele ter feito tantas coisas sem falar nada a respeito, mas depois da surpresa inicial foram totalmente favoráveis — algo que *ele* não esperava.

Segure o rojão e tenha a tal conversa. Planeje o que você vai dizer, faça uma pesquisa com antecedência para não falar em termos gerais sobre coisas importantes como, por exemplo, como você fará para pagar as contas, e não se surpreenda se os outros precisarem de algum tempo para assimilar o que você lhes disse. Você já teve muito tempo para pensar sobre isso; para eles, pode parecer que isso veio do nada, então lhes dê algum tempo para reagir e depois pensar sobre isso.

Após ser despedido, Mike procurava um emprego na sua área havia dezoito meses; apesar de se esforçar ao máximo, não teve êxito. Suas pesquisas e esforços foram exaustivos — ele conhecia cada empregador da área, recrutadores especializados no que ele fazia, e tinha se candidatado a tudo o que podia. Ele estava em um beco sem saída. Durante o treinamento, ficou claro que havia "um elefante na sala" do qual ele não estava falando. Quando ele perdeu o emprego, a esposa lhe disse que tinha dezoito meses para encontrar um novo emprego, ou eles voltariam a viver no País de Gales, de onde ela era, para se tornarem autossuficientes — a concepção de inferno para Mike. Seus dezoito meses se passaram e ele estava incrivelmente nervoso, evitando a conversa e sendo deliberadamente vago com sua esposa sobre sua busca por emprego.

Depois de muita persuasão, ele tocou no assunto do prazo com sua esposa, que pareceu surpresa e depois se divertiu. Ela disse a Mike que tinha falado aquilo para tentar estimulá-lo, sabendo que ele iria odiar a ideia; ela não tinha intenção de se mudar de Londres se fosse possível. Mike sentiu como se um peso enorme tivesse sido saído de seus ombros e voltou à sua busca por emprego com uma atitude diferente. Ele recebeu duas ofertas de emprego um mês depois. Claramente, isso pode ter sido uma coincidência, mas Mike está convencido de que, uma vez que a "espada de Dâmocles" já não pairava mais sobre seu pescoço, ele passou a se portar de forma muito diferente.

Quem quer que você sinta que deva trazer para seu lado durante sua busca por carreira: traga-o o mais rápido possível!

Capítulo 10
Como decidir qual direção tomar

"Uma viagem de mil milhas começa com um único passo."
CONFÚCIO

Com tantas opções de carreira disponíveis, é fácil ficar paralisado pela indecisão. Combinado com o fato de que há muita emoção associada à escolha de uma nova carreira, pode parecer difícil tomar uma decisão racional e bem-pensada. Nós passamos mais de uma década pesquisando e desenvolvendo a metodologia descrita nas Partes II e III para torná-la tão simplificada, prática e realizável quanto possível. Sabemos por experiência própria que, através de uma abordagem sistemática, da coleta de informação, de pesquisa e do exercício da diligência prévia, os saltos da fé são menos assustadores. Há muitas maneiras de testar as águas em uma nova área, como vimos anteriormente no estudo de caso de Henry Teare, que trabalhou nos fins de semana e fez muita pesquisa para ver se sua nova área escolhida era a correta. Trabalhar com este livro irá ajudá-lo a obter informações suficientes e reais sobre si mesmo e sobre o mercado de trabalho em que está interessado, além de ajudá-lo a definir os passos necessários para se antecipar e minimizar esse risco, tanto quanto possível. Enfatizamos que esta é uma jornada que muitas vezes não vai de A até B em uma linha reta, mas que deve ser considerada como um processo contínuo. Se você está pronto para embarcar nessa viagem com a gente, siga para a Parte II e vamos começar a construir as bases de sua nova direção de carreira.

Parte II
Compreendendo a si mesmo e o que você quer

"A vida que não é examinada não vale a pena viver."
PLATÃO

O objetivo da Parte II é criar uma estrutura para o seu pensamento e fornecer um processo para reunir informações relevantes para a sua carreira. O resultado lhe dará uma visão geral de quem você é e o que você quer do trabalho. Antes que comece a protestar por não ter tempo para esta parte: não há como contornar a coleta de informação! E nem pense em terceirizar isto, porque só você sabe as respostas! Ao longo dos anos, temos testado uma grande variedade de exercícios diferentes, e os listados nesta seção têm funcionado muito bem para os nossos clientes. Muitas vezes, quando você está pensando em mudar sua carreira, vai precisar trabalhar um pouco mais na compreensão sobre si mesmo; por isso, para cada parte fornecemos alguns recursos adicionais para usar caso fique preso.

Na Parte I, salientamos a importância da dinâmica para o sucesso; na II, isso vai se tornar vital. Ao completar cada exercício, analisando suas memórias sobre o trabalho e a vida atrás de exemplos, pode ser que você sinta seu entusiasmo diminuindo. Estes exercícios podem ser demorados e, por experiência própria, sabemos que completá-los é uma daquelas coisas que a maioria das pessoas nos diz que está tentada a adiar para amanhã. Odiamos chamar a atenção para o óbvio, mas quanto mais tempo você adiar as coisas, mais tempo todo o processo vai demorar!

Siga cada etapa do processo; você pode pensar que já tem uma noção de suas principais habilidades ou valores, mas cada etapa foi concebida como um trampolim para a próxima, por isso é importante seguir cada um dos exercícios. Pensando na construção de uma parede, um exercício que você não fizer pode ser como um tijolo deixado de fora, aquele vital para tornar a coisa toda estável e útil.

A razão para coletar as informações nesse formato é que, depois, você poderá reuni-las em uma matriz que constituirá os componentes do trabalho ideal para você nesse momento de sua vida. A qualidade das respostas às perguntas da Parte II é importante — em outras palavras, quanto mais informações você reunir de forma clara e focada e quanto mais pensar nisso, mais chances terá de obter os melhores resultados. Se algum dos exercícios parecer particularmente assustador, tente dividi-lo em pedaços gerenciáveis para completá-lo, em vez de se sentir intimidado pelo que estamos pedindo ou pelo tempo que acha que vai levar. Se esperar por aquele fim de semana "livre" onde você pode se sentar e fazer tudo de uma vez, isso pode nunca acontecer! Uma das coisas que dizemos àqueles que procuram mudar de carreira, logo no início da jornada, é que a metodologia não é tão complexa; e que, quando você olhar para trás, grande parte dela vai parecer senso comum. Ela tem um princípio, um meio e um fim e se baseia na premissa de que quanto mais informação real tivermos, mais fácil será tomar decisões e avançar na direção da mudança.

MANTENDO UMA PASTA DE CARREIRA

É uma boa ideia ter uma pasta para manter todas as informações que você vai reunir em um só lugar. Fica mais fácil encontrar todas as informações se você as mantiver em uma caixa de arquivo ou pasta virtual, e é algo a que muitos de nossos clientes voltam periodicamente à medida que suas carreiras se desenvolvem.

Embora seja sempre útil gastar tempo *pensando* sobre os vários aspectos que iremos abordar nesta parte do livro, não há substituto para *escrever* coisas, o que se provou ser muito mais eficaz. Nossos clientes ficam frequentemente surpreendidos com a quantidade de informação que obtêm quando usam papel.

Vamos olhar para a sua experiência passada e presente, e perguntar o que é importante para você agora. Em seguida, analisaremos suas aspirações para o futuro. Tudo isto irá se juntar para lhe dar um panorama tão completo quanto possível, que você poderá usar como base para opções de brainstorming para a sua futura carreira.

Então, vamos começar olhando para o que você já sabe de sua experiência até hoje (independentemente de você ter tido alguma experiência de trabalho ou não!).

Capítulo 11
Definindo suas principais habilidades e pontos fortes

"Quando o amor e a habilidade trabalham juntos,
pode-se esperar uma obra-prima."
JOHN RUSKIN

O ponto de partida de qualquer potencial empregador são as habilidades e conhecimentos que você pode trazer para a função para qual está sendo entrevistado. Conhecer suas principais habilidades e pontos fortes é crucial. Talvez seja mais importante explicar o contexto em que exibiu essas habilidades para descrevê-las de forma clara e concisa. Mesmo que eventualmente crie o seu próprio negócio, esta informação irá ajudá-lo a descobrir onde estão as suas lacunas de competências, o que é crucial ao contratar ou estabelecer parcerias com outras pessoas. Nesta seção, vamos analisar todos os seus talentos: os que você tem naturalmente e os que aprendeu. Muitas vezes, quando pensamos nas nossas competências, nos referimos àquelas que outras pessoas nos disseram que somos bons, ou ao nosso trabalho mais recente e listamos apenas essas competências. Precisamos também ter consciência das competências com que nascemos, que são frequentemente ignoradas.

Por exemplo, se você é naturalmente falante, então talvez não faça sentido trabalhar em uma biblioteca, mas você pode ser um fantástico apresentador de um programa de rádio. Se você é extremamente organizado, como pode incorporar isso em sua nova carreira? O que você faz bem naturalmente? Para quais coisas você tem jeito? Muitas vezes constatamos que estas capacidades inatas são muitas vezes ignoradas e que os nossos clientes não ligam pra elas, presumindo que, se elas são fáceis para nós, também são para outras pessoas. Raramente nos ocorre que as coisas em que somos naturalmente bons são difíceis para os outros, então se você é empático ou pode resolver problemas matemáticos com o pé nas costas, é importante reconhecer isso.

Descobrimos que as habilidades que as pessoas têm em abundância e que lhes chegam facilmente muitas vezes dão pistas de uma futura direção de carreira. Aqueles que incorporam estes talentos naturais na sua vida profissional diária são muitas vezes mais bem-sucedidos, têm mais confiança e gostam do que fazem. O trabalho dessas pessoas parece encaixar naturalmente a elas, e são reconhecidas pela sua excelência. Nunca descarte as coisas em que você é bom — considere-as com cuidado e pense criativamente sobre como você pode aproveitar suas habilidades naturais para que elas possam trabalhar para você em sua carreira, agora e no futuro. Quando falamos sobre alguém ser talentoso em alguma coisa, reunimos um grande número de habilidades e pontos fortes. Madonna pode ser descrita como uma estrela pop, mas quando você quebra todos os aspectos que esta descrição implica, chega em uma longa lista: capacidade vocal, habilidades de performance, habilidades de gestão, habilidades de dança, ritmo, espírito empreendedor, senso de moda, capacidade de se reinventar e de permanecer relevante, energia, habilidades de marketing — e assim por diante. Em vez de concatenar seus talentos, certifique-se de dividi-los em suas partes componentes.

Estudo de caso: Janie van Hool

Desde os seis anos de idade eu só tinha uma vida em mente: queria ser atriz. Até que fui aceita na RADA (*Royal Academy of Dramatic Art*, ou Academia Real de Artes Dramáticas, do Reino Unido), aos dezenove anos. Depois de três anos alucinantes estudando lá, estava pronta para entrar de vez no negócio e seguir o meu caminho. Tive sorte. Saí da RADA com um emprego e, embora não tenha feito uma fortuna, ganhei o suficiente trabalhando em várias mídias para me sustentar como atriz e pagar minhas contas. O problema é que acabou não sendo exatamente como eu imaginava. Achava realmente chato filmar para o cinema; os comerciais, embora fantasticamente bem-pagos, pareciam meio humilhantes após três anos de formação clássica, e teatro significava viagens intermináveis em vários meios de transporte sem glamour para se apresentar em locais gelados e pouco frequentados, ganhando quase nenhum dinheiro. Na altura em que tive os meus filhos, era evidente que minha carreira não iria decolar. Era aquela carreira que havia me proposto a alcançar? Estava onde queria estar? A resposta para mim aos trinta anos foi claramente "não", por isso decidi mudar. Uma revisão casual da programação em uma noite no teatro me levou a fazer um mestrado em voz e estudar para ensinar controle de voz e dialetos a atores e na área de negócios. Eu agora dirijo uma consultoria prática bem-sucedida que ajuda as pessoas a ter presença e a criar um impacto profissional.

As habilidades que aprendi como atriz são incrivelmente úteis, e descobri que posso usá-las para fazer uma diferença real para os clientes, o que adoro. O maior desafio que tive ao mudar foi a tristeza de deixar de lado as esperanças e os sonhos da minha infância, embora seja mais bem-sucedida e realizada agora do que nunca. Ainda foram precisos alguns anos para reconhecer esse fato. Eu definitivamente mudaria de novo no futuro — já estou trabalhando para isso. Meu conselho a qualquer um seria continuar a reavaliar: "Você está onde queria estar? Ganhando o que queria?" Desde que você conheça seus USP (*Unique Selling Points*, algo como "diferenciais de promoção"), você pode transferir suas habilidades. É desafiador, revigorante e faz você perceber do que é capaz.

EXERCÍCIOS DE HABILIDADES

Estágio 1: Com quais habilidades você nasceu?

Para além dos exercícios mais formais, temos algumas perguntas que podem te ajudar a desencadear uma ideia ou um pensamento que não seria descoberto de outra forma. Lembre-se de adicionar as informações do exercício à sua pasta de carreira.

Habilidades e talentos: coisas a considerar

Quais talentos você tem? O que é que você sempre fez bem e com facilidade na escola, em casa, na família, no trabalho, na sociedade?

O que mais gosta de fazer? O que os outros consideram uma tarefa, mas você acha um prazer?

O que acha difícil, mas parece ser fácil para outras pessoas? Quais são seus pontos fracos?

Você se sente atraído por pessoas ou por coisas?

Você foca em resultados ou gosta de fazer parte de um todo maior onde o resultado final não é tão importante?

Você precisa estar certo ou fica feliz trabalhando com possibilidades e coisas abstratas? Você gosta de resolver problemas ou prefere evitá-los?

Você costuma focar no futuro?

Você tem habilidades físicas?

Você gosta de trabalhar com outras pessoas para resolver problemas ou prefere trabalhar sozinho?

Você gosta de encontrar conexões no que anteriormente parecia desconectado? Pensa lateralmente? Você gosta de analisar problemas ou resolver quebra-cabeças lógicos?

Você gosta de gerar novas ideias? Usa seus sentimentos ou sua intuição? Pensa rápido?

Você é focado na ação?

Você gosta de trabalhar nos detalhes, garantindo que haja pingos em todos os "i", ou tende a se concentrar no quadro geral?

Você foca nas pessoas quando toma decisões? Consegue identificar como elas estão se sentindo?

É mais provável que você analise as consequências lógicas de uma decisão?

Você é capaz de adaptar o seu estilo para atender alguém com quem está trabalhando?

Você tem aptidão para línguas?

Você é criativo? (Isso pode significar muitas coisas para muitas pessoas. Por exemplo: ter a capacidade de pensar fora da caixa, ser inventivo ou ser bom em gerar novas ideias.)

Você tem alguma habilidade artística (na música, na arte, na escrita)?

Você prefere ser organizado ou viver de forma mais espontânea?

Liste as cinco melhores habilidades com as quais você nasceu.

1

2

3

4

5

Estágio 2: Provando que você tem essas habilidades

Este exercício tem dois objetivos. Primeiro, irá ajudá-lo a compreender as suas principais habilidades, as que você gosta de usar e as que gostaria de usar no futuro. A maioria das pessoas pode fazer muitos trabalhos diferentes, e o desafio é encontrar algo que você gosta. É possível fazer um excelente trabalho apesar de não gostar dele; imagine como seria se as pessoas usassem suas competências para fazer algo de que gostassem? Assim, em vez de nos concentrarmos em *todas* as suas habilidades, vamos nos concentrar principalmente naquelas em que você é bom e gosta de fazer — uma combinação poderosa.

Em segundo lugar, irá ajudá-lo a conhecer suas principais habilidades, o que é fundamental para o processo de avaliação de carreira. Por exemplo, não é suficiente dizer que você tem "grandes habilidades de comunicação", você também precisa ser capaz de responder coisas como: "Descreva uma situação em que você apresentou ideias a um grupo de uma maneira persuasiva." Esse tipo de pergunta é cada vez mais usado em entrevistas e é chamado de pergunta "baseada na competência" ou "comportamental". Pode ser difícil para um entrevistador verificar competências como "competências de comunicação" só olhando os currículos, uma vez que a sua experiência só alude à sua habilidade e, na maioria dos casos, não haverá provas concretas.

Passo 1

Pense em momentos da sua vida em que você realmente gostou de fazer algo e o fez bem — os momentos em que se sentiu imerso no que estava fazendo e ficou orgulhoso dos resultados. Estimule sua memória consultando um currículo antigo, listando todos os trabalhos que já fez (pagos e não pagos) ou olhando para o passado usando álbuns de fotografias. Por que foi elogiado, tanto dentro como fora do trabalho? O que realmente gostou de fazer? Também pense sobre a sua vida em casa e sobre sua educação, e analise as coisas que fez. Se pouca coisa lhe ocorrer no início, escreva o máximo que puder, depois largue por um tempo e volte à lista mais tarde — leve o tempo que precisar. Tente pensar em exemplos reais e dê o máximo de detalhes possível. Pedimos que você analise estas histórias dessa maneira porque é como os recrutadores querem ver as provas das suas competências.

Perguntas baseadas em competências

Ao responder às perguntas das entrevistas baseadas em competências, é útil utilizar o método STAR, que representa:

S — Situação: dê o contexto em que você usou suas competências.
T — Tarefa: qual foi o desafio?
A — Ação: qual foi a ação que você tomou?
R — Resultado: qual foi o resultado?

Em uma entrevista, você pode perceber quando uma determinada pergunta é baseada em competência pois geralmente começa com: "Fale sobre um momento em que você...", "Descreva uma situação quando você...", "Dê um exemplo de quando você..."

Abaixo está um exemplo de como você faria isso. Escolhemos um exemplo que não está relacionado ao trabalho, pois é sempre importante pensar sobre esses eventos de sua vida também.

Qual era a situação?
O aniversário da minha melhor amiga.

Qual tarefa você tinha que realizar?
Organizar a festa de aniversário dela sem que ela soubesse.

Qual ação você tomou?
Entrei em contato com um pequeno grupo de amigos e pessoas da família para chegar a um acordo sobre o tipo de festa, o local, como iríamos pagar e a lista de convidados.

Enviei convites a todas as pessoas que ela gostaria de receber no evento depois de "conseguir" a lista de endereços e os contatos nas redes sociais dela.

Arranjei acomodações para o pernoite dos hóspedes que precisavam de um local para ficar.

Encontrei um local e um entretenimento organizado para a noite (incluindo música, comida, bebida, fotógrafo, transporte para ida a e volta do evento).

Pensei em um plano intrincado para levá-la à festa sem que ela percebesse o que estava acontecendo (incluindo arranjar uma roupa, maquiagem etc. para que ela chegasse se sentindo fabulosa).

Organizei a parte financeira do evento e me certifiquei de que todos sabiam com quanto deveriam contribuir com antecedência, por isso tudo correu bem nesse aspecto.

Atuei como mestre de cerimônias no evento e organizei discursos e uma apresentação de fotos antigas.

Após o evento, fiz um álbum de fotografias da noite como presente final para a aniversariante.

Qual foi o resultado que você obteve?

Foi uma festa fantástica de que todos gostaram. Minha amiga ficou muito emocionada e animada por ter uma festa de aniversário organizada para ela. Ela mal acreditou que não fazia ideia do que estava acontecendo até chegar lá.

Se você está com dificuldades para ter ideias para esta seção, pode pedir a um amigo ou membro da família que o ajude a refrescar sua memória, encoraje-o e dê um ponto de vista objetivo.

Escolha cinco histórias suas usando o método STAR. Você pode preencher os dados sobre a primeira aqui:

História 1
Qual era a situação?
Qual era a tarefa que você tinha que realizar?
Qual foi a ação que você tomou?
Qual foi o resultado que você obteve?

James achou esse exercício difícil: "Eu tinha sido avisado de que isso levaria um bom tempo para fazer, mas era difícil encontrar a motivação para continuar. Esforcei-me para criar uma lista de coisas que me orgulhava de ter conseguido. Decidir quais histórias expandir foi difícil — será que estava fazendo aquilo certo? Mas estou feliz de ter insistido na atividade porque, embora a lista não fosse muito diferente de uma lista geral de habilidades que eu teria sido capaz de elaborar sozinho, ter histórias para respaldar essas habilidades tem sido inestimável em entrevistas. O trabalho duro valeu a pena.

Passo 2

Confira a seguinte lista de habilidades (Tabela 11.1) para cada história e faça para si mesmo a pergunta: "Posso provar que adquiri essa habilidade em cada situação?" Em caso afirmativo, assinale a casa correspondente. Depois de ter feito a revisão inicial, pode refinar a lista, especialmente se achar que, para uma determinada situação, marcou várias palavras que efetivamente significam a mesma coisa.

Para cada história, mostrei ter a capacidade de:

Tabela 11.1

Habilidade	Assinale cada uma das habilidades que você acha que é um ponto forte seu
Adaptar-me	
Administrar	
Administrar tempo	
Agir	
Ajudar	
Ampliar	
Analisar	
Angariar fundos	
Anunciar	
Aplicar	
Apoiar outras pessoas	
Aprender	
Apresentar	
Arbitrar	
Auditar	
Avaliar	
Calcular	
Colaborar	
Coletar informações	
Compilar	
Compor	
Comprar e vender	

Comunicar-me fluentemente em uma língua estrangeira	
Comunicar-me por escrito	
Comunicar-me verbalmente	
Conceitualizar	
Conservar	
Consolidar	
Construir	
Construir relações	
Construir relações comerciais	
Construir times	
Consultar	
Contratar	
Contribuir	
Coordenar	
Cuidar das finanças	
Dar coaching	
Dar feedback apropriado	
Dar mentoria	
Definir e cumprir prazos	
Delegar	
Demonstrar	
Descobrir	
Desenhar	
Desenvolver ideias	
Desenvolver negócios	
Distribuir	
Documentar	
Economizar dinheiro	
Economizar recursos	
Educar	
Empatizar	
Empreender	

Empregar	
Engenhar	
Ensinar	
Entregar	
Entreter	
Entrevistar	
Estabelecer	
Estabelecer metas	
Examinar	
Executar	
Experimentar	
Explicar	
Explorar	
Facilitar	
Fazer brainstormings	
Fazer networking	
Fazer parcerias	
Fazer publicidade	
Fazer revisões gerais	
Focar em detalhes	
Formular	
Gerar ideias	
Gerenciar conflitos	
Gerenciar informações	
Gerenciar mudanças	
Gerenciar programas	
Gerenciar projetos	
Gerenciar uma equipe	
Gerir mudanças	
Identificar problemas	
Identificar recursos	
Ilustrar	

Implementar	
Improvisar	
Influenciar	
Inovar	
Inspecionar	
Inspirar	
Interpretar	
Inventar	
Investigar	
Julgar	
Lidar com detalhes	
Lidar com reclamações	
Liderar	
Manter registros detalhados	
Mediar	
Melhorar	
Melhorar processos	
Modelar	
Monitorar	
Motivar	
Negociar	
Observar	
Orçar	
Organizar	
Organizar e administrar eventos	
Ouvir	
Padronizar	
Pensar lateralmente	
Perceber padrões	
Persuadir por escrito	
Persuadir verbalmente	
Pesquisar	
Planejar	
Poupar tempo	

Prever	
Priorizar	
Promover mudanças	
Questionar	
Racionalizar	
Rascunhar	
Recomendar	
Recrutar	
Reparar	
Resolver problemas	
Revisar	
Ser multitarefa	
Ser pioneiro	
Ter boa conduta	
Tomar decisões	
Treinar	
Vender ideias	
Vender produtos	
Voluntariar-se	
Outro:	
Outro:	
Outro:	
Outro:	
Outro:	

Quais são as habilidades que receberam o maior número de marcas? Liste as cinco mais selecionadas aqui:

1.
2.
3.
4.
5.

Passo 3: Consolide os resultados

Referenciando as cinco habilidades acima, escreva uma frase que detalhe seus pontos fortes reais e específicos. Por exemplo, você pode afirmar que a comunicação é uma de suas principais habilidades — mas o que o faz se destacar é sua capacidade de se comunicar claramente e de forma motivacional em situações difíceis. Isso pode ajudá-lo a descobrir onde focar essa habilidade.

Meu ponto forte na habilidade 1 é:
Meu ponto forte na habilidade 2 é:
Meu ponto forte na habilidade 3 é:
Meu ponto forte na habilidade 4 é:
Meu ponto forte na habilidade 5 é:

Pedimos que considere suas capacidades dessa forma porque assim fica claro quando a sua resposta é vaga demais e realmente o faz pensar sobre a evidência das suas maiores competências. Pode haver alguma interseção entre as suas "habilidades inatas" e essas habilidades para as quais você tem evidências sólidas — e tudo bem. É importante olhar para todas elas.

Finalmente, é importante considerar suas habilidades em relação ao mercado: as suas competências têm valor a longo prazo à medida que você avança na carreira ou será que é preciso desenvolver ainda mais estas competências?

Suas habilidades estão se tornando obsoletas no mercado?

Capítulo 12
O que você valoriza?

"Viva conforme suas crenças e poderá virar o mundo de ponta-cabeça."
HENRIQUE DAVID

Quando começamos a explorar o que as pessoas valorizam em suas vidas e ambientes de trabalho, muitas vezes descobrimos que isso é algo em que a maioria das pessoas gasta pouco ou nenhum tempo pensando. Embora reconheçamos que saber o que é importante para nós é fundamental, os valores são algo que a maioria de nós não coloca na conta quando estamos olhando para carreiras, mas nossos valores podem servir como um foco útil ou ponto de referência para todos os aspectos de nossa vida.

Definimos valores de trabalho como "interesses e qualidades que você sente que são importantes em seu trabalho". Obviamente, é muito provável que seus valores profissionais tenham interseção com seus valores pessoais, mas é útil pensar se sua vida está alinhada com as coisas que você diz que são importantes para você. Essa é uma área que pode mudar radicalmente conforme você tem mais experiências ou mudanças de vida (como, por exemplo, passar a ter uma família para considerar).

Pode não ser necessário orientar sua vida inteiramente em torno de seus valores, mas será possível (e recompensador) entrelaçá-las à maioria dos aspectos de sua vida.

Agindo como um ponto de referência, os valores podem ajudá-lo a:

- Estabelecer metas claras para o futuro que valham a pena e sejam importantes para você;
- Melhorar a qualidade das suas decisões;
- Manter a confiança quando se sentir confuso ou quando estiver em um período de transição.

Sugerimos que refaça este exercício todos os anos. Seus valores podem mudar com as circunstâncias de sua vida, por isso é importante assegurar que sua vida esteja alinhada com seus valores atuais e não com os de cinco anos atrás.

EXERCÍCIO DE VALORES
Passo 1

Assinale dez valores dentre esses grupos de valores que naturalmente lhe agradam; se não conseguir encontrar as palavras certas, acrescente suas próprias para que elas o reflitam o melhor possível.

RELAÇÃO INTERPESSOAL
- ☐ Cooperação
- ☐ Sociabilidade
- ☐ Proximidade
- ☐ Cordialidade
- ☐ Família
- ☐ Afeição
- ☐ Amizade
- ☐ Camaradagem
- ☐ Relação interpessoal

ALTRUÍSMO
- ☐ Tolerância
- ☐ Cuidado
- ☐ Orientação
- ☐ Proteção
- ☐ Empatia
- ☐ Apoio
- ☐ Desenvolvimento
- ☐ Foco em pessoas
- ☐ Altruísmo

AUTONOMIA
- ☐ Autonomia
- ☐ Autoridade
- ☐ Independência

CRIATIVIDADE
- ☐ Individualidade
- ☐ Imprevisibilidade
- ☐ Conveniência
- ☐ Originalidade
- ☐ Ingenuidade
- ☐ Liberdade
- ☐ Criatividade

EMPREENDEDORISMO
- ☐ Risco
- ☐ Aventura
- ☐ Experimentação
- ☐ Dinamismo
- ☐ Competitividade
- ☐ Energia
- ☐ Inovação
- ☐ Novidade
- ☐ Zelo empresarial

EQUILÍBRIO ENTRE ESTILO DE VIDA E TRABALHO
- ☐ Empolgação
- ☐ Diversão
- ☐ Escolha
- ☐ Flexibilidade

- ☐ Bom equilíbrio entre trabalho e vida pessoal

ESTRUTURA
- ☐ Estrutura
- ☐ Organização
- ☐ Ordem
- ☐ Clareza
- ☐ Eficiência
- ☐ expertise

EXPERTISE
- ☐ Expertise técnica
- ☐ Proficiência
- ☐ Superioridade
- ☐ Competência

INTELECTO
- ☐ Educação
- ☐ Desafio intelectual
- ☐ Estímulo intelectual

PODER E INFLUÊNCIA
- ☐ Orientação
- ☐ Governança
- ☐ Influência

RECOMPENSA FINANCEIRA
- ☐ Lucro
- ☐ Remuneração e bônus
- ☐ Liberdade financeira
- ☐ Construção de valor financeiro

RECONHECIMENTO
- ☐ Respeito
- ☐ Recompensa
- ☐ Elogios
- ☐ Reconhecimento
- ☐ Apreciação

SEGURANÇA
- ☐ Previsibilidade
- ☐ Segurança
- ☐ Seguridade
- ☐ Estabilidade
- ☐ Regularidade

SEUS PRÓPRIOS VALORES
- ☐
- ☐
- ☐
- ☐
- ☐

Passo 2

Agora que você tem sua lista preliminar (seus "valores" marcados), isso o ajudará a classificar seus valores em ordem de importância.

Liste seus dez valores na coluna do lado esquerdo da tabela da próxima página (Tabelas 12.1 e 12.2). Para decidir qual valor é mais importante, compare cada par de valores e circule o número relativo ao valor pelo qual se decidir. Ao chegar à sua decisão, pergunte a si mesmo: "Se eu pudesse dizer que uma destas coisas é verdade para a minha carreira escolhida, qual seria a minha preferência?" Tente não pensar no que os outros possam dizer ou pensar sobre você — seja brutalmente honesto consigo mesmo.

Depois de ter completado toda a tabela, some o número de vezes em que circulou cada valor e o adicione no espaço correspondente na linha de "número de círculos" na base da tabela.

Isso ajudará a determinar a classificação dos seus valores. Atribua números de um a dez aos seus valores de acordo com o número de vezes que os circulou na tabela.

Insira as classificações na linha "ranking final" na base da tabela. Agora é possível listar seus valores priorizados na coluna da direita da tabela. Esses valores podem ser usados como ponto de referência para quaisquer atividades de procura de emprego ou decisões de carreira que você tenha que tomar.

Para um exemplo completo da Tabela de Decisão de Valores, veja a próxima página. Então, complete a sua na página seguinte.

Tabela 12.1 Exemplo de como decidir valores

Seus 10 valores											Valores prioritários
V1 - Autonomia	**V1**										1 Respeito
V2 - Expertise	1 ou (2)	**V2**									2 Expertise
V3 - Flexibilidade	1 ou (3)	(2) ou 3	**V3**								3 Flexibilidade
V4 - Dinheiro	1 ou (4)	(2) ou 4	(3) ou 4	**V4**							4 Dinheiro
V5 - Governança	(1) ou 5	(2) ou 5	(3) ou 5	(4) ou 5	**V5**						5 Aprendizado
V6 - Influência	1 ou (6)	(2) ou 6	(3) ou 6	(4) ou 6	5 ou (6)	**V6**					6 Influência
V7 - Recompensa	1 ou (7)	(2) ou 7	(3) ou 7	(4) ou 7	5 ou (7)	(6) ou 7	**V7**				7 Recompensa
V8 - Estrutura	(1) ou 8	(2) ou 8	(3) ou 8	(4) ou 8	(5) ou 8	(6) ou 8	7 ou (8)	**V8**			8 Autonomia
V9 - Respeito	1 ou (9)	2 ou (9)	3 ou (9)	4 ou (9)	5 ou (9)	6 ou (9)	7 ou (9)	8 ou (9)	**V9**		9 Governo
V10 - Aprendizado	1 ou (10)	(2) ou 10	3 ou (10)	4 ou (10)	5 ou (10)	6 ou (10)	(7) ou 10	8 ou (10)	(9) ou 10	**V10**	10 Estrutura

1	2	3	4	5	6	7	8	9	10	Número do item
2	8	6	6	1	4	3	1	9	5	Número de círculos
8º	2º	3º	3º	9º	6º	7º	9º	1º	5º	Classificação final

Tabela 12.2 Exemplo de valores de decisão

Seus 10 valores											Valores prioritários
	V1										
	1 ou 2	**V2**									
	1 ou 3	2 ou 3	**V3**								
	1 ou 4	2 ou 4	3 ou 4	**V4**							
	1 ou 5	2 ou 5	3 ou 5	4 ou 5	**V5**						
	1 ou 6	2 ou 6	3 ou 6	4 ou 6	5 ou 6	**V6**					
	1 ou 7	2 ou 7	3 ou 7	4 ou 7	5 ou 7	6 ou 7	**V7**				
	1 ou 8	2 ou 8	3 ou 8	4 ou 8	5 ou 8	6 ou 8	7 ou 8	**V8**			
	1 ou 9	2 ou 9	3 ou 9	4 ou 9	5 ou 9	6 ou 9	7 ou 9	8 ou 9	**V9**		
	1 ou 10	2 ou 10	3 ou 10	4 ou 10	5 ou 10	6 ou 10	7 ou 10	8 ou 10	9 ou 10	**V10**	

1	2	3	4	5	6	7	8	9	10	Número do item
										Número de círculos
										Classificação final

Capítulo 13
Quais são seus interesses e paixões?

"Deixe a beleza do que você ama ser o que faz."
RUMI

Os interesses podem ser um fator importante na sua carreira. Eles podem ajudá-lo a decidir qual indústria visar ou qual tipo de negócio montar. Trabalhar em uma indústria ou negócio que incorpore os seus interesses pode fazê-lo se sentir motivado a trabalhar mais, e normalmente resulta em uma maior satisfação profissional. Dito isso, às vezes os interesses devem permanecer como hobbies! Talvez não haja uma maneira de torná-los comercialmente viáveis, ou talvez eles tragam alguma renda, mas não o suficiente para sustentá-lo em tempo integral. Muitas das pessoas com quem trabalhamos não sabem no que estão realmente interessadas. É muito importante começar a se tornar mais consciente do que interessa você (ou seja, ter uma "mentalidade de explorador") e do que faz você morrer de tédio. São coisas diferentes para pessoas diferentes — carros de corrida podem te fascinar, ao mesmo tempo em que me entediam. Se nos colocarmos no lugar do nosso recrutador, podemos ver quando alguém é apaixonado pelo que faz: os olhos brilham, a pessoa fica animada quando fala sobre o assunto e irradia energia. Muitas vezes essa paixão a distinguirá dos demais e, quando empregada, ela terá a energia para percorrer os "quilômetros extra" e dar 100% de tudo o que faz. Pode levar algum tempo para encontrar áreas em que você está interessado, mas é tempo bem-gasto, pois significará que sua carreira terá mais chance de ter longevidade.

Então, como você identifica o que o interessa e, em seguida, avalia se isso deve fazer parte do seu plano de carreira? Primeiro você precisa aumentar sua conscientização, e o primeiro passo é responder as perguntas abaixo.

EXERCÍCIO DE INTERESSES

Responda às perguntas abaixo e considere se os seus interesses podem fazer parte da sua carreira. Tente ser o mais específico possível. Se um negócio lhe interessa, que parte dele é? Vendas? Recursos humanos? Tente explicar melhor — por exemplo, se for recursos humanos, é recrutamento, remuneração e benefícios ou treinamento?

As últimas duas perguntas se concentram no setor da indústria. Fazemos estas perguntas porque ajudarão a direcionar também os setores que podem estar crescendo, oferecendo assim mais oportunidades.

1. O que você faz no seu tempo livre?
2. Você é apaixonado por algum dos seus interesses?
3. Você tem conhecimento em alguma área obtido só porque tem interesse nela?
4. Quais livros, blogs ou revistas você lê? Se fosse a uma livraria, em que seções procuraria material?
5. Quais assuntos você segue nas mídias sociais, como Twitter, Instagram e YouTube?
6. Qual caderno do jornal você lê primeiro?
7. Alguma vez você se voluntariou para trabalhos ou missões?
8. Você está interessado em algum setor específico da indústria?
9. Quais setores da indústria você acha que estão crescendo ou

têm potencial de crescimento?

Pode ser útil continuar voltando a esta seção e ir adicionando coisas que despertam seu interesse. Adicione artigos à sua pasta de carreira. Mantenha uma lista de filmes, programas de TV ou de rádio que o façam pensar e se interessar — o que eles têm que despertou o seu interesse? Algumas pessoas podem ficar desanimadas se não conseguirem encontrar aquela coisa que realmente acende sua paixão. Isto não é incomum, mas não desista. Continue procurando por campos que despertem seu interesse e faça alguma pesquisa para descobrir mais sobre eles — às vezes, é um aspecto de uma área que você não encontrou antes que contém a resposta para uma nova direção. Olhe para qualquer coisa que lhe interesse — cozinhar sobremesas, pesquisar destinos de férias ou descobrir sobre a história da família? Comece a pesquisar opções que podem funcionar com esses interesses e você pode ser capaz de combinar criativamente diferentes áreas de interesse em seu trabalho e vida pessoal, talvez pela adoção de uma carreira portfólio.

George sempre foi apaixonado por música. Ele foi o diretor de música quando estava na universidade. Após uma licenciatura em ciências naturais, foi para São Francisco trabalhar como analista financeiro em Hill Samuel. Depois de um MBA na Escola Tuck de Gerenciamento (*Tuck School of Management*), ele ingressou na Cargill, no setor de produção de alimentos, como gerente sênior; eventualmente, tornou-se diretor responsável pelo setor de estratégia de desenvolvimento de negócios. Com uma família recém-formada, ele estava cansado de viajar constantemente, e em sua mente tinha um grande desejo de combinar suas habilidades com seu primeiro amor — a música.

Depois de seguir o processo de mudança de carreira, ele tomou a grande decisão de se mudar para o cargo de líder de desenvolvimento comercial da Glyndebourne Opera. Isso exigiu uma mudança de estilo de vida para George, mas com sua família apoiando sua decisão, ele fez a transição com sucesso e está utilizando suas habilidades de negócios em um campo pelo qual é apaixonado.

ENCONTRANDO PROVAS DA SUA PAIXÃO

É muito bom dizer que você está "apaixonado" por uma área, mas você precisa reunir evidências de que trabalhar com ela é uma opção viável. Não apenas para o empregador, se você for para uma entrevista, mas também para você mesmo caso esteja mudando de carreira. George poderia provar um interesse de longo prazo na música evidenciado por suas primeiras conquistas na universidade.

Pela nossa experiência como recrutadoras, além daquelas de pessoas com quem falamos regularmente, recolher provas do seu interesse em uma nova carreira é fundamental. Isto pode incluir alguns dos seguintes aspectos:

- Trabalho não remunerado ou trabalho voluntário em meio-período, em período integral ou no seu tempo livre — não é preciso colocar no seu currículo que o trabalho não foi remunerado;
- Consultoria ou contrato de trabalho para ganhar experiência;
- Envolvimento em clubes ou associações relacionados ao seu interesse.

Estudo de caso: Robert Timothy

Aterrissei em Londres há cerca de doze anos, vindo da África do Sul, com uma mala de roupa, algumas economias e não muito mais do que isso. Acho que pensei que era um rapaz com um grande sonho, mas para ser honesto, não fazia ideia do que era esse sonho! Eu trabalhava em uma rádio na Cidade do Cabo e pensei que a melhor maneira de progredir na minha carreira seria passar alguns anos no Reino Unido. Eu tinha caído de paraquedas no trabalho na rádio depois que alguém me ouviu na rádio universitária (naquele momento, apenas um hobby para evitar ir às aulas) e me ofereceram um emprego que eu não pude recusar. Mas agora eu estava em Londres com o saldo da poupança diminuindo e ainda não sabia bem como minha carreira fantástica iria progredir. "Mas vou conseguir um emprego para pagar o aluguel e então vou descobrir isso..." Tinha um amigo com uns "contatos" no Sky News e parecia uma boa ideia. "Vou passar alguns meses lá enquanto eu descubro exatamente o que quero fazer..." E então eu vi um anúncio de trabalho para jornalistas de rádio na BBC. "Ah, a BBC. Lá vai ter um monte de oportunidades. Devia ir lá..."

Pulemos para quase uma década depois; estou esperando na fila para ver o corpo de Nelson Mandela em seu velório público em Pretória. Estava de volta ao país em missão, para fazer a cobertura do seu funeral para a BBC News. Foi quando caiu a ficha. Enquanto eu avançava para o caixão e via Madiba ali deitado — um ícone para mim, e um ícone de nosso tempo — um pensamento passou pela minha cabeça: "Então Robert, o que você fez com a *sua* vida?" Foi preciso a morte de um herói para me fazer perceber que minha vida estava acontecendo enquanto eu não estava fazendo nenhum plano além de fazer planos para fazer planos. Parece familiar pra você?

Quatro meses depois, eu estava de volta a Londres, em meu último dia como funcionário após dez anos na BBC. Tinha caído naquela carreira errada por acidente e precisava mudar. Mas para onde?

Ser adolescente na Cidade do Cabo na década de 1990 foi uma experiência agitada. Nosso país era a grande sensação do planeta, e parecia que o mundo tinha vindo para se juntar à diversão, incluindo a indústria da moda. Os fotógrafos iam de avião com supermodelos e designers que ganhavam dezenas de milhares de dólares por dia para fechar estradas inteiras para uma sessão de fotos. Vendo isto, como um jovem de dezesseis anos, nos meus sonhos mais loucos, qual teria sido o meu emprego dos sonhos absoluto?

Hoje, tenho o prazer de dizer que as minhas fotografias foram publicadas em várias revistas, e até foram penduradas na National Portrait Gallery em Londres. Trabalho com as melhores agências de modelos do mundo em alguns dos locais mais bonitos do mundo. Ainda não fechei uma rua para fotografar, embora já tenhamos parado o trânsito na Ocean Drive, em Miami.

Acabei na carreira errada por acidente e fiz a mudança. Ir de cobertura de notícias para fotografia de moda não é um caminho lógico, mas a vida é muito curta para fazer o trabalho errado. É difícil não recorrer a chavões, mas a melhor maneira de resumir isso é: "Encontre a sua paixão, faça acontecer". A paixão é a fé que você precisa para persistir.

Houve momentos em que me senti sobrecarregado e assustado, mas nada é tão assustador quanto o pensamento de arrependimento por não ter feito a mudança. O que quer que você possa fazer, faça-o agora — e, se você estiver na carreira errada, mude.

ENCONTRE UMA MANEIRA DE METER O PÉ NA PORTA

Trabalhando com um coach de carreira, Steve identificou as principais habilidades que seriam atraentes para um empregador e os assuntos pelos quais ele era apaixonado. Quando combinada, a pesquisa de Steve apontou para uma carreira no lado comercial da indústria esportiva. Era um campo pequeno e operado na base de "QI", ou "Quem Indica". Através da alavancagem de seus contatos limitados para fazer novos contatos, Steve finalmente garantiu sua primeira posição em uma empresa de gestão esportiva por seis meses, o pé na porta do qual ele precisava.

Pessoas que já trabalharam como consultores ou com contratos avulsos no local são interessantes para os empregadores, pois sua contratação oferece riscos menores do que a daqueles que ingressam na empresa através de canais de recrutamento tradicionais. Os empregadores conhecem a qualidade do seu trabalho e como se encaixam na equipe! Significa também que o empregador poupa substancialmente nas despesas de recrutamento, que podem variar entre 15% e 33% do salário anual.

COMPLETAR UM CURSO OU MELHORAR O CONHECIMENTO SOBRE SEU CAMPO

Charlotte começou a estudar design de interiores depois de um curso de história na universidade. Ela achou o design de interiores sufocante e percebeu que não a desafiava intelectualmente. Sem saber o que queria fazer, frustrada e confusa quanto à carreira a seguir, foi viajar, mas regressou um ano depois sem ter avançado muito em sua reflexão. Depois de completar o exercício de habilidades (ver nos capítulos anteriores), ela descobriu que, enquanto estava trabalhando em design de interiores, tinha gostado, em particular, de registros dos clientes em um banco de dados que ela tinha projetado. Ela tinha um grande interesse em TI e decidiu fazer um curso noturno de seis semanas para ver se esse interesse era passageiro ou algo mais substancial. Após o curso, descobriu que seu interesse havia crescido e se sentiu motivada a se mudar para essa área. Recebeu várias propostas de programas de recrutamento de graduados em TI, apesar de, aos vinte e sete anos, ser mais velha do que a maioria das pessoas que participavam desses programas. Ela aceitou uma oferta da Thames Water, e o gerente de RH que a entrevistou disse que uma das principais razões pelas quais a empresa lhe ofereceu o emprego é que claramente ela havia trabalhado em uma avaliação de carreira estruturada, e eles sentiam que ela havia feito sua lição de casa de "mudança de carreira". Ela não era um "risco" porque tinha evidências comprovadas do seu interesse na área de TI.

Charlotte fez um curso curto para testar seu interesse em um campo que era relativamente novo para ela. Participar de eventos, como conferências, e ler o que sai na imprensa sobre a determinada área pode ajudar a garantir que você tenha conhecimento; conhecemos várias pessoas que foram contratadas após reuniões em eventos da área. Esse conhecimento interno pode melhorar as perguntas que você faz durante uma conversa, fazendo com que você pareça estar na área há muito tempo. Uma vez que você tenha superado este obstáculo inicial de fazer contato e parecer estar bem informado sobre a área à qual procura se juntar, a falta de experiência pode ser negligenciada.

INCLUIR PROJETOS PRÁTICOS EM SEU CURSO SE VOCÊ ESTIVER FAZENDO UMA QUALIFICAÇÃO EDUCACIONAL ADICIONAL

Muitos estudantes de MBA e mestrado usam projetos de conclusão e estágios para ganhar experiência, que serve como a evidência vital de interesse em uma nova área. Às vezes, os projetos podem ser cuidadosamente planejados para que haja uma oportunidade de conversar com diferentes empresas e com pessoas que poderiam potencialmente contratar você.

Robin usou seu projeto de MBA em gestão de mudanças internas em uma grande empresa petrolífera para fazer a transição para a área de consultoria. Enquanto trabalhava no projeto, entrou em contato com várias empresas de consultoria; foi entrevistado por um casal antes de finalmente se juntar a um deles. Desde então, transferiu-se para o escritório de Perth para combinar sua carreira de consultor de gestão com o estilo de vida ao ar livre que havia identificado como uma paixão.

Se você é um estudante de graduação, pode haver maneiras de usar sua dissertação ou ano de estágio da mesma maneira.

VIAGEM

Muitas pessoas tiram anos sabáticos ou fazem pausas para viajar, muitas vezes como uma fuga de um emprego ou porque não têm a certeza do que fazer a seguir. Encarada com cuidado, uma viagem pode ajudá-lo a ganhar experiência em uma determinada área. Por exemplo, trabalhar em um jornal de um país estrangeiro pode ser útil se você estiver procurando ganhar experiência jornalística. Se você for viajar, os futuros empregadores podem querer saber o que você ganhou com isso, então é sempre útil ter isso em mente — quais experiências podem mostrar um novo aspecto de sua personalidade ou uma área-chave de competência?

Tom não gostava de ser advogado e originalmente tinha planejado viajar para "fugir" de seu trabalho. Ele decidiu perseguir seu interesse pelos vinhos e usou o seu tempo de viagem na Austrália para pesquisar sobre as adegas de lá. Passou vários meses conversando com pessoas do ramo e pesquisando os tipos de funções disponíveis na indústria. Ele voltou ainda mais determinado a entrar no comércio de vinhos. Vendeu sua casa para liberar algum capital para viver enquanto encarava um corte radical no salário para trabalhar em uma loja de vinhos local e ganhar experiência, ao mesmo tempo em que fazia suas provas sobre vinhos. Ao longo dos anos, ele tem progredido constantemente no comércio do vinho e, apesar da queda na renda em comparação com uma carreira em direito, ele nunca se arrependeu de sua decisão.

Algumas pessoas, como Christine Rucker, da The White Company, desenvolveram negócios em torno de sua paixão — no caso dela, o design de interiores. Para outros, isso pode ser um erro. Apenas porque você ama golfe, por exemplo, não significa necessariamente que amaria ter uma loja de golfe. O funcionamento diário de uma loja ou mesmo de uma rede de lojas não é necessariamente o mesmo barato que você sente quando pratica ou assiste ao esporte na TV. Por isso é importante considerar seus interesses e paixões não de forma isolada, mas em relação aos outros elementos da carreira, tais como habilidades, valores, ambientes de trabalho etc. Você pode ser capaz de tecer interesses e hobbies em sua vida de outras maneiras — por exemplo, Mark decidiu que, embora fosse apaixonado por escalada e esqui nas montanhas, os tipos de funções em tempo integral disponíveis não atenderiam suas necessidades financeiras. Ele acabou se mudando para a Nova Zelândia, mas permanecendo na mesma área de TI, o que lhe permitiu perseguir também sua paixão pelos esportes de montanha.

Estudo de caso: Lindsay Small

Apesar de ter estudado numa boa universidade, achei a pesquisa acadêmica muito frustrante. Eu queria estar no mundo, e naquela época São Francisco era o lugar para estar. Passei a trabalhar com pesquisa de investimentos — elaborar minha própria pesquisa como analista e depois editar a pesquisa de outras pessoas. A edição rapidamente se tornou uma paixão; eu era boa naquilo, e amava o ambiente de São Francisco. Foi minha decisão de ter filhos que provocou uma mudança de carreira. Eu não estava preparada para trabalhar por tempo integral no ritmo da cidade, e naqueles dias não havia margem de manobra.

Embora tenha sido uma decisão minha, achei a vida em casa com as crianças um verdadeiro desafio no início; eu era um peixe fora d'água nos parquinhos e sentia saudades de tudo em São Francisco. Para manter meu interesse nos anos seguintes, comecei três pequenas empresas. Foi a fase de startup que realmente me interessou; os negócios nunca me interessavam quando já estavam funcionando. Eles trouxeram um pouco de renda e experiência, mas o mais importante foi que aprendi algo sobre mim e sobre meus pontos fortes e fracos a cada novo empreendimento, e esse processo finalmente me permitiu descobrir meu negócio perfeito — a internet. Praticamente na primeira vez que entrei na internet, percebi que tinha encontrado minha área perfeita. Quando meu filho mais novo iniciou na escola, comecei a trabalhar em um site para pais e professores de crianças pequenas. Ele decolou muito rapidamente, e agora, mais de quinze anos depois, cerca de um milhão e meio de pessoas visitam o site a cada mês. Eu trabalho em casa, com a ajuda de uma pequena equipe de freelancers, e ganho uma renda muito boa. Ainda encontro novos desafios para me manter interessada e motivada, e sou capaz de trabalhar completamente cercada pela minha família.

Mudaria a minha carreira outra vez? Lógico, desde que eu estivesse trabalhando para mim mesma! Há muitas coisas que gostaria de experimentar, e ainda tenho ideias novas quase todos os dias. Ultimamente, muitas pessoas ficam presas em uma carreira que não é satisfatória, porque as empresas querem especialistas, e bons especialistas são incentivados a ficar naquela especialidade para sempre. Mas isso não significa que a pessoa não possa fazer outra coisa — ou centenas de outras coisas, dado o tempo e a vontade! E se sua primeira tentativa não for perfeita para você, aprenda com ela, examine seus pontos fortes e fracos e passe para a próxima...

Capítulo 14
Qual é o seu ambiente de trabalho ideal?

"As palavras impressas aqui são conceitos.
Você precisa passar por experiências."
SANTO AGOSTINHO

Você agora tem uma lista abrangente de suas habilidades transferíveis, valores e interesses para ganhar dinheiro na sua próxima função. Continuando no tema de olhar para o que você sabe sobre si a partir das suas experiências, vamos olhar para temas comuns que surgiram sobre o que uma pessoa gosta e não gosta em um ambiente de trabalho.

Não entre em pânico se você não tem uma enorme quantidade de experiência de trabalho para consultar — qualquer informação é útil. Muitos de nós já terão estado em um ambiente que era tóxico e não propício à melhor execução do trabalho. É muito importante que você tenha tempo para identificar qual ambiente evitar no futuro e qual procurar. Esse foco pode ser de interesse para potenciais empregadores que, em nossa experiência, ficam impressionados com alguém que tenha tomado o tempo necessário para garantir que estão indo para um ambiente que é certo para eles — uma forma de diligência prévia. Isso mostra que você leva sua carreira a sério e entende o melhor ambiente para você. Sabemos também que os potenciais empregadores e recrutadores ficam impressionados quando um candidato se dispõe a falar com outras pessoas na empresa para saber como realmente é trabalhar lá. Isso reduz o risco de um candidato entrar e sair por não haver um bom "ajuste" — o que é bom tanto para o recrutador quanto para o candidato.

Exercício de ambiente

Para cada emprego que já ocupou no passado, descreva de forma tão completa quanto possível os fatores que tornaram cada trabalho especialmente empolgante ou gratificante (isto é, as coisas de que gostou) e os elementos que os tornaram especialmente tediosos ou frustrantes (isto é, as coisas de que não gostou). Seja o mais específico possível.

Exemplos a serem considerados podem incluir:

- Escritório (era um espaço aberto, você tinha seu próprio escritório, era leve e arejado);
- Colegas (eram sociais, interativos, focados no trabalho em equipe, silenciosos);
- Remuneração (salário, benefícios como férias, refeitório, aposentadoria);
- Perspectivas de promoção;
- Sensação de liberdade (trabalhava fora do escritório, onde podia microgerenciar o próprio trabalho);
- Estilo de gestão (aberto à sugestão, hierárquico, diretoria colegiada, solidário);
- Desenvolvimento (foram oferecidas oportunidades de desenvolvimento, como por exemplo coaching, mentoria, treinamentos);
- Por que você não está mais trabalhando lá (ou está considerando isso)? O que o fez querer assumir a função? O quanto a função correspondeu às expectativas?
- Como você falhou em corresponder às expectativas?

- Você se dá bem em um ambiente de grande empresa? Seria mais adequado para uma empresa menor?

TRABALHO	GOSTOU	NÃO GOSTOU

Quando Megan fez este exercício pela primeira vez, ela escreveu rapidamente um monte de informações para poder seguir para a próxima seção. Ao voltar para revisá-lo mais tarde, começou a ver os primeiros sinais de alguns temas comuns, como ter autonomia em sua vida profissional, não gostar da rotina do trabalho das nove às cinco, estar com indivíduos brilhantes que acreditavam em alguma coisa. Foi nesse ponto que ela começou seu brainstorming, e agora está trabalhando com uma SME (*Subject Matter Expert*, uma expert em um assunto específico) com uma liberdade enorme para contribuir com a criação de um produto pelo qual todos são apaixonados.

SEU AMBIENTE IDEAL

Esta lista de coisas de que você gosta e não gosta deve lhe dar uma ideia do que procurar e do que evitar quando estiver considerando abordar determinadas empresas. Escolha os três elementos mais importantes do seu ambiente de trabalho ideal e liste-os abaixo.

1

2

3

Estudo de caso: Anne Williams

O ponto de virada veio para mim quando voltei ao trabalho após o nascimento do meu primeiro filho, como gerente de projetos em um trabalho de redesign estratégico de alto nível. Isto me levou a ter contato com consultores de gestão, e eu instintivamente soube que aquilo era muito mais "eu". Naquela época meu mundo era unidimensional, e foi então que intuitivamente entendi que precisava completar um MBA para me equipar com as habilidades para um futuro desafio de carreira e mudança.

Depois de várias tentativas após o MBA, acabei trabalhando para organizações com ambientes de trabalho que ignoravam as más práticas de gestão. Aprendi que na entrevista era crucial entrar em muitos detalhes sobre um dia normal de trabalho de forma a tomar uma decisão sobre se o lugar era certo para mim — só porque eles querem lhe empregar, não significa que o trabalho é certo para você! Agora estou prestes a começar a trabalhar para uma das cinco maiores consultorias de gestão do mundo.

Vai funcionar para mim? Acho que sim. Acredito que desta vez acertei? Em primeiro lugar, fui abertamente "eu" durante o processo de recrutamento, que envolveu quatro entrevistas individuais, três testes psicométricos e uma dinâmica, em uma tentativa de testar os limites da compatibilidade de personalidade/cultura. Isso não fez soar nenhum alarme, pelo contrário. Quanto mais saí da minha concha, mais sucesso tive. Acho que minha percepção crítica pareceu um ativo, não uma ameaça; meu intelecto e meu desempenho acadêmico pareceram vantagens, não um obstáculo; minha natureza gregária e senso de diversão pareceram ferramentas fundamentais para o networking e manutenção da visibilidade, em vez de distrações e incômodos. Vai funcionar? Ninguém sabe realmente, mas acho que sim. Muitos dos meus colegas e amigos gostam de chamar minha atenção para o fato de que é exatamente isso que eu deveria ter feito há anos, que "combina" melhor comigo e com as minhas competências. Seja como for, não estou mais preocupado, porque sei que, se não for escolhida, sou boa o suficiente e a busca deve continuar. Tudo que é preciso, como para encontrar seu parceiro de vida, é essa "combinação perfeita". Meu único conselho é: esforce-se sempre por essa "combinação" pessoal perfeita, para ter a confiança necessária de criar e moldar a sua vida, sendo intransigente e constantemente questionador — assim, poderá tirar o melhor da situação!

Capítulo 15
Sua relação com seus antigos superiores

"Odeio o meu patrão!" é uma frase familiar para a maioria das pessoas em algum momento da vida profissional.

Um ótimo superior pode apoiá-lo, treiná-lo e desenvolvê-lo para ser o melhor que você pode ser. Por outro lado, um chefe digno de pesadelo pode depreciar você, enfraquecê-lo e acabar com a sua confiança.

Você pode ter mencionado seus chefes/superiores anteriores no exercício que acabou de fazer, mas queremos que explore isso um pouco mais. Identificar por que você não se deu bem com certos superiores e que características um superior precisa ter para tirar o melhor de você é uma consideração importante quando se está procurando uma nova função.

Se você já teve um superior ruim, saberá exatamente do que estamos falando — eles podem fazer um emprego ser ótimo ou destruí-lo, como muitos de nossos clientes (nós incluídas!) infelizmente descobriram.

EXERCÍCIO DE RELACIONAMENTO COM SUPERIORES

Liste abaixo todos os superiores que você teve no passado.

1
2
3
4
5
(adicionar mais se necessário)

Olhe para essa lista e pense: para quem você trabalhou bem? Quem o faria atravessar a rua para evitá-lo? Por quê? Sabendo o que você sabe sobre como trabalhar para eles, liste as características positivas que você está procurando em seu próximo gerente e as características negativas que você está procurando evitar (Tabela 15.1):

Tabela 15.1

POSITIVO	NEGATIVO
Por exemplo: apoiador, inteligente, inclusivo, divertido, um modelo a seguir	Por exemplo: megalomaníaco, mal-humorado, fechado, preocupado em microgerenciar

Quando Karen fez este exercício, ficou fascinada e surpreendida ao ver algo em comum nos tipos de pessoas para quem tinha trabalhado (todas de personalidade alfa, sedentas pelo poder) e nunca a tinham feito sentir que podia alcançar seus objetivos, mas haviam sido carismáticas quando as conheceu. Quando ela foi entrevistada, ofereceram-lhe duas funções, e ela achou incrivelmente difícil decidir qual o caminho a seguir até que revisitou esse exercício. Uma das funções teria envolvido trabalhar com outro superior semelhante, e a outra era trabalhar para alguém que estava mais focado em desenvolvê-la em sua nova função. Esse foi o fator decisivo de sua escolha e ela não se arrependeu.

Descobrir se o ambiente ou seu gerente combina com você depende das suas habilidades de investigação! Você precisa conversar com pessoas que trabalham para a empresa, talvez amigos de amigos que trabalham lá — ou, melhor ainda, alguém que costumava trabalhar lá, pois ele pode ser mais honesto. O LinkedIn é útil para essa pesquisa. Outra maneira de verificar isso é pedir para conhecer a equipe em um almoço ou confraternização depois de ter aceitado uma oferta. Dessa forma, você pode fazer algumas perguntas informais sobre o ambiente de trabalho para ver se ele realmente é para você.

Capítulo 16
Dando atenção às suas necessidades

"Para conhecer a si mesmo, é preciso se afirmar."
ALBERT CAMUS

Até agora, a maioria da Parte II analisou o que gostaríamos de ver em um trabalho no mundo ideal: as competências que gostaríamos de usar, os tipos de pessoas com quem gostaríamos de trabalhar e assim por diante. A única coisa que temos que ter o cuidado de não ignorar são as nossas próprias necessidades.

Em 1943, Abraham Maslow desenvolveu sua Hierarquia das Necessidades (Figura 16.1). Como seres humanos, começamos com as necessidades mais básicas na base do triângulo e, à medida que atingimos cada nível de necessidades, avançamos para o próximo. É perfeitamente possível estar se movendo entre dois ou mais níveis a qualquer momento. Onde você considera que está agora? Está batalhando para subir até os níveis mais altos, têm um plano de como espera fazer isso?

Figura 16.1

Autorrealização: realização, criatividade, crescimento pessoal, significado

Estima: status, realização, responsabilidade, reputação, respeito

Social: relacionamentos, família, amigos, parceiros, conexões

Segurança: saúde, emprego, casa, ordem, limites, estabilidade, família

Necessidades básicas: abrigo, ar, comida, água, calor, sono, sexo, roupa etc

Em termos de carreira: já considerou o que é *necessário* para tornar seu próximo passo mais provável de funcionar?

EXERCÍCIO DE NECESSIDADES

Marque abaixo as cinco principais necessidades que você gcstaria que sua futura carreira atendesse. Coisas que talvez queira considerar são:

- Segurança no emprego;
- Localização;
- Salário (dê uma faixa de valores — do mínimo que você precisa inicialmente até o montante que colocaria um sorriso no seu rosto);
- Quaisquer restrições de trabalho (jornada de trabalho, capacidade de viajar etc.);
- Reconhecimento;
- Perspectivas de promoção.

1
2
3
4
5

Depois de elaborar seu orçamento e olhar para todas as opções possíveis, Peter sabia que precisava de um certo salário básico para poder pagar suas contas mensais, como aluguel, água, luz, comida etc. Sem isso, ele sabia que entraria em pânico e não funcionaria bem mesmo em um emprego que achava que iria amar. Então, ele pediu — e conseguiu — uma redução de horas na jornada de seu trabalho corporativo que cobria suas principais despesas, o que o deixou com dois dias por semana para seguir sua nova carreira como estofador. Peter se sente seguro financeiramente e é capaz de construir lentamente seu negócio de estofaria. Embora isso tenha significado sacrificar o potencial de progressão na carreira em sua função corporativa, dá a ele uma oportunidade de verificar a viabilidade de sua nova carreira de uma forma que parece segura para ele. Peter era honesto sobre quais eram realmente as suas necessidades e adaptou seus planos para trabalharem para ele. Ele tinha considerado cuidadosamente o que iria comprometer e do que, categoricamente, não poderia abrir mão, o que o ajudou a tomar uma decisão informada.

Capítulo 17
O que quero da vida? — definindo planos de longo prazo

"Não tenha medo de ir devagar, tenha medo apenas de ficar parado."
PROVÉRBIO CHINÊS

Até agora, olhamos para o que você pode aprender com suas experiências passadas e com sua realidade presente para ajudar a construir uma imagem do que você está procurando como carreira ideal. Agora vamos olhar para suas aspirações para o futuro e garantir que esteja empolgado para apresentar suas esperanças e sonhos.

Obviamente, nada está escrito em pedra. A vida acontece e suas aspirações e esperanças para o futuro mudarão através de circunstâncias positivas e negativas. O que estamos procurando aqui é uma imagem de onde você está agora e do que você espera alcançar, não apenas em sua carreira, mas na vida como um todo. Identificar suas esperanças para o futuro pode ajudar com o brainstorming de possíveis opções de emprego (ver Capítulo 19), e suas aspirações podem destacar um novo caminho a ser explorado.

John estava na área de contabilidade havia dez anos. Estava entediado, e a ideia de passar o resto de sua carreira fazendo mais do mesmo com algumas promoções ao longo do caminho era desmoralizante. Tendo trabalhado em todos os exercícios até este ponto, uma nova direção ainda não se mostrava e ele começava a perder a esperança de encontrar a função certa — até que começou a olhar para o futuro. Ele fez o exercício a seguir, preenchendo as informações para cada período de dez anos, até que escreveu suas aspirações para quando alcançasse seus cinquenta anos de idade. Aparentemente vinda do nada, sua nova aspiração era possuir um bistrô com uma galeria de arte anexada onde ele poderia apresentar sua comunidade local para jovens artistas. No entanto, na discussão, ele disse que achava que isso só seria possível de fazer quando tivesse ganhado dinheiro suficiente para fazer o que realmente queria como "hobby". Assim que ele disse isso, a ficha caiu! Tinha encontrado o que realmente queria fazer — agora, era apenas uma questão de como fazer acontecer mais cedo. Ele tinha sido persuadido por professores e pais bem-intencionados a preferir a ciência em vez da arte na escola e nunca tinha realmente considerado o mundo criativo como uma opção de emprego possível, embora ainda pintasse aquarelas em seu tempo livre. Depois de muita pesquisa e ajuda em uma galeria de arte local e em um museu nos finais de semana, ele se preparou para ser restaurador de arte e agora está trabalhando em uma galeria de arte como curador.

Às vezes, aliviar a pressão imposta por um plano imediato pode mostrar algumas ideias interessantes com as quais você tem flertado no fundo de sua mente por anos, sem nunca pensar ser possível. Agora é a hora de colocar essa teoria à prova através de pesquisa e exploração para descobrir se a sua ideia é um sonho impossível ou se pode ser realidade.

A maioria de nós, quando fala sobre o futuro, tende a não pensar muito longe — cinco anos sendo a norma para aqueles que passaram algum tempo construindo objetivos de longo prazo. Nossos clientes raramente enxergam como suas perspectivas a longo prazo irão mudar à medida que envelhecem. Talvez se mudem para o interior, ou mudem os seus hábitos sociais. Este capítulo pede que você considere a sua idade, a idade dos seus possíveis filhos e que se coloque realmente nesse lugar para responder às perguntas.

Estudo de caso: Gordon Green

Meu primeiro emprego foi no programa de pós-graduação de uma grande empresa petrolífera, após concluir com sucesso um curso de engenharia química na universidade. Eu não tinha um plano específico àquela altura, e o programa certamente fez jus à reputação — eu tinha atribuições e adquiri uma valiosa experiência em muitas partes diferentes das organizações, juntamente com muitas viagens internacionais e trabalhos muito próximos da gerência sênior. Gostei muito dos meus primeiros anos, mas era uma faca de dois gumes, pois comecei a sentir que não estava no controle da direção para qual minha carreira estava indo.

Esperava-se que eu me mudasse para diferentes departamentos e localizações a curto prazo, e sem qualquer informação. Sentindo minha inquietação, a empresa pagou o meu MBA. Através do curso, conheci muitas pessoas com a mesma opinião que eu e comecei a ter a confiança para moldar minha própria carreira, em vez de apenas permitir que as coisas "acontecessem". Meu objetivo era ser autônomo para poder escolher meu próprio estilo de vida. Mas também tinha de ser um trabalho que pudesse me trazer mais satisfação em termos de benefícios tangíveis para outras pessoas, e não apenas ajudar uma organização a ser mais rentável. Foi quando decidi ser advogado. Mas, para chegar lá, eu precisaria estar financeiramente seguro, pois analisei os riscos envolvidos. Então, quando me formei no MBA, fui para um banco de investimento; ser um bancário da área de investimento não só forneceu desafios mentais suficientes como também me ensinou como trabalhar em um ambiente ultracompetente com alguns dos cérebros mais brilhantes ao redor.

Gostei muito do tempo que passei nos banco de investimento e da adrenalina que acompanhava o serviço. Mas mais importante ainda: economizei cada centavo dos meus bônus nesses poucos anos, pois sabia que era um passo importante no meu plano. Tive o meu momento de dúvida quando deixei o banco — todos questionavam a sanidade da minha decisão. Por que alguém se afastaria de um emprego tão cobiçado, com o salário e prestígio associados? Mas eu sabia o que tinha em mente, então comecei a estudar direito durante meio-período, enquanto usava minha experiência anterior no setor bancário para conseguir um emprego em um escritório de advocacia, embora em uma função não-legal. Dediquei quatro anos de estudo durante meio-período enquanto trabalhava em tempo integral em um dos maiores escritórios de advocacia do mundo. Não foi a coisa mais fácil de fazer, mas valeu a pena, pois o meu futuro empregador podia ver minha seriedade em fazer uma mudança de carreira. Portanto, agora estou no bom caminho para terminar a minha formação como advogado, e em breve poderei trabalhar numa área que me interessa — os direitos humanos.

Olhando para trás, acho que uma coisa que aprendi é que, independente do que você esteja fazendo agora — e pode ser algo de que não gosta —, é provável que haja qualidades/experiências que o ajudarão a avançar para o próximo passo, por isso é importante não se concentrar apenas no objetivo que tem em mente enquanto perde o que pode aprender na sua situação atual. A outra coisa importante é ter paciência — é muito fácil se afastar do que não gosta e esperar uma mudança completa de um dia para o outro. Mas é igualmente importante ter em mente que muitos objetivos exigem um monte de planejamento e tempo para alcançar; não se deixe desencorajar por pessoas que dizem que você estará começando do zero de novo, que será mais velho do que a maioria etc. Normalmente, essas são pessoas que têm medo de fazer uma mudança.

Ter uma ideia de seus objetivos de longo prazo vai mantê-lo focado no panorama geral. Isto é importante por várias razões:

- Ajudará nas decisões de carreira que você inevitavelmente terá de tomar (por exemplo, decidir entre duas opções de emprego). É muito mais fácil fazer escolhas difíceis se você estiver claro sobre seus objetivos de longo prazo;
- Ajudará a identificar as habilidades das quais você precisa para adquirir ou as ações que precisa tomar para tornar suas aspirações futuras uma realidade;

- Ter uma ideia clara de para onde você está indo vai lhe dar um impulso adicional para continuar em direção ao seu objetivo final.

Estabelecer objetivos intermediários e a longo prazo é o que ajuda a criar uma dinâmica, e via de regra é algo que poucos de nós fazemos. Se você está realmente considerando o que quer da vida, olhar adiante é vital, e achamos que esses exercícios são alguns dos mais importantes no livro para ajudar a criar essa tendência de ir para a frente. Sem metas, você vai descobrir que seus dias, semanas, meses e anos ficam cheios de "coisas" que ajudam na vida cotidiana, mas, quando você olha para trás, fica se perguntando por que nunca conseguiu realmente o que pretendia.

Embora aqui estejamos principalmente preocupados com as suas aspirações profissionais, os objetivos em outras partes da sua vida também são importantes, por isso se certifique de que são compatíveis entre si.

> Chris estava trabalhando na Índia, e usou esse exercício para se sentar com sua esposa e pensar em conjunto sobre o que eles queriam da vida nos próximos cinco, dez e quinze anos; eles também levaram em conta as idades de seus filhos — antecipando um tempo em que eles não teriam mais dependentes. Chris considerou todas as opções em relação aos resultados de todos os exercícios de autoavaliação para ajudá-lo a decidir qual era o melhor caminho de carreira a seguir. As opções que tinha incluíam assumir um cargo de diretor geral em outra empresa, entrar em uma indústria diferente, ou prosseguir com a empresa que fundou e na qual tinha uma participação acionista. Depois de pesquisar as opções e pontuá-las de acordo com seus critérios, ele decidiu seguir o caminho do empreendedorismo.

EXERCÍCIO DE METAS DE LONGO PRAZO

Ao completar o exercício a seguir, sugerimos que você considere todas as áreas de sua vida, como carreira (ou trabalho), relacionamentos, interesses recreativos, crescimento pessoal, metas materiais e sociais. É útil perceber como essas metas se relacionam entre si e quais são as que dependem umas das outras, pois isso pode afetar o quadro que você constrói de sua vida ideal.

É interessante dar uma olhada em onde você espera estar no futuro. Não se trata de escrever seu futuro em pedra, mas de pensar no que quer alcançar para si mesmo e para aqueles que são importantes para você. Se fizer essa revisão regularmente, será mais fácil avaliar se seus objetivos precisam ser ajustados ou mudados; olhando para os vários estágios importantes de sua vida, você pode ganhar alguma perspectiva sobre o que realmente está procurando, e talvez começar a pensar mais cedo em como vai alcançá-los.

Para este exercício, gostaríamos que desenhasse um círculo em cinco pedaços de papel e o dividisse em seis partes, como na Figura 17.1

No topo do primeiro pedaço de papel, escreva a data e a sua idade.

Em cada uma das seis partes do círculo, escreva que pontuação você daria a esse aspecto da sua vida, de zero a dez. Em seguida, responda às perguntas de cada seção e escreva uma coisa que você poderia fazer para melhorar a pontuação em ao menos um ponto.

Sua vida, de acordo com cada nota e as respostas que você deu, é equilibrada? É isso que está almejando?

No segundo pedaço de papel, escreva a idade que você terá daqui a cinco anos. Responda às perguntas e escreva uma coisa que você poderia fazer para melhorar cada aspecto de sua vida caso se esforçasse.

No terceiro pedaço de papel, escreva a idade que você terá daqui a dez anos e siga o processo acima. No quarto papel, escreva a idade que terá daqui a vinte anos e, finalmente, no quinto papel, a idade que terá daqui a trinta anos. Responda a todas as perguntas o mais detalhadamente possível. Se não houver espaço suficiente na caixa, transfira suas respostas para um novo pedaço de papel — quanto mais detalhes você colocar, melhor.

Se você tiver dificuldades para responder à pergunta final sobre como expandir seus objetivos, pode deixar esta pergunta em branco para cada seção, exceto para a primeira. Algumas pessoas acham útil expandir o pensamento para o futuro e outras acham que é um passo grande demais — é uma questão de encontrar o que funciona para você.

Agora, quando você olha de novo para esses cinco pedaços de papel, como se sente? É com essa vida que você sonhava? Se não, o que mudaria? O que melhoraria? Como é que se forçou a ir além?

Continue revisando as páginas até que você tenha criado uma visão de sua vida como você gostaria que ela fosse.

Figura 17.1

Descreva seu lar — ele é como você gostaria que fosse (localização, estilo etc.)?

Descreva seu estilo de vida

O que poderia fazer para aumentar a sua pontuação?

Você está em um relacionamento? Ele está funcionando para vocês?

Você têm filhos? Em caso afirmativo, que idade eles têm?

O que poderia fazer para aumentar a sua pontuação?

O que você faz para se manter saudável?

Você está em forma como gostaria de estar?

O que poderia fazer para aumentar a sua pontuação?

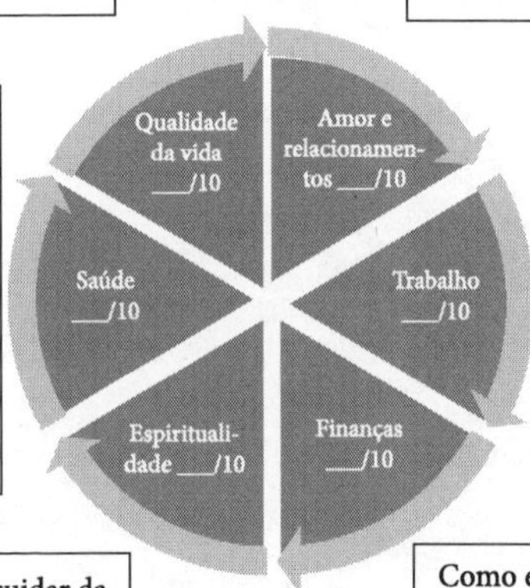

O que você faz da vida?

Em que fase da sua carreira se encontra (instalado, à procura de um novo cargo etc.?)

O que poderia fazer para aumentar a sua pontuação?

O que você faz para cuidar da sua espiritualidade (por exemplo: férias, meditação, fé, esporte, passar tempo com amigos)?

O que poderia fazer para aumentar a sua pontuação?

Como estão as suas finanças? Você tem dívidas, um financiamento ou outras contas? Você é financeiramente independente?

O que poderia fazer para aumentar a sua pontuação?

Estudo de caso: Sarah Marsh

No meu último ano na escola, eu realmente queria ser designer gráfica, mas meus pais achavam que empregos na arte eram para pessoas que largavam os estudos. Eu era boa em matemática, então fui persuadida a me formar como contadora, o que — conforme logo percebi — não exigia que eu fosse boa em matemática! Insatisfeita com esta carreira, "caí de paraquedas" no departamento de vendas de um plano de saúde. Eu gostei muito daquilo por cerca de dez anos, e era boa no que fazia, mas me sentia limitada, como se houvesse mais da vida para aproveitar. Eu queria fazer algo que fizesse a diferença, que eu gostasse e pudesse motivar e ajudar as pessoas. Sempre gostei de saúde e do mundo fitness e por isso me formei para ser personal trainer — gostei muito da ideia, mas não era um trabalho respeitado ou bem pago, e percebi que tinha apressado a decisão sem pensar sobre a longevidade da função, perspectivas etc.

Comecei a considerar se poderia me qualificar mais uma vez, desta vez no campo da medicina/saúde, mas não sabia por onde começar. Foi quando um amigo sugeriu que eu trabalhasse com uma coach de carreira. Ao mesmo tempo, eu tinha algumas decisões difíceis para tomar pessoalmente; meu marido e eu precisávamos embarcar em um processo de fertilização in-vitro se quiséssemos tentar formar uma família. Eu me sentia presa e andava em círculos... Pensava que se tivesse sucesso em formar uma família, não poderia me formar em outra área — minha vida seria cheia demais com os cuidados ao meu filho e família — e que se não engravidasse, eu poderia ser algo totalmente diferente. Foi nesse ponto que minha coach foi fantástica. Ela me pediu para fazer dois planos para cinco anos: um com uma família no final, outro sem — e adivinha só? O resultado foi o mesmo. Isso fez eu me sentir realmente segura de que queria voltar a estudar — então, com a ajuda da minha coach, "experimentei" vários papéis diferentes: médica, fisioterapeuta, osteopata... Olhando para trás agora isso parece relativamente fácil, mas foi preciso muita pesquisa, e exigia que eu pensasse formas práticas de como conseguir aquilo — custo e tempo envolvidos, esse tipo de coisa. Decidi que queria voltar a estudar para ser fisioterapeuta. Estaria trabalhando na área médica/de saúde, enquanto a nível pessoal minha avó tinha tido um derrame e não tinha feito fisioterapia — então parecia uma solução completamente certa. Minha coach me ajudou ao longo da jornada; ela não fez coisas por mim, mas me questionou e me encorajou, ajudando-me quando sentia que eu não era capaz. Assim, quatro anos e meio depois, me qualifiquei como fisioterapeuta, descobri o amor pela yoga, completei a formação de professores e agora combino yoga e fisioterapia no tratamento de meus pacientes.

Adoro minha nova carreira; recomendo o coaching a qualquer um. Abre a sua mente a opções que você nunca teria considerado; leva tempo, mas é realista, considerando seus compromissos enquanto o ajuda a ver que há novas oportunidades para todos nós.

Se você não sente que este exercício realmente capturou seu futuro, aqui estão alguns outros que damos aos clientes para ajudá-los a desenvolver sua visão para suas vidas futuras.

SEU ARTIGO DE SUCESSO

Se você é alguém que se dá bem com escrita, então esse exercício pode ser para você.

- Escreva um artigo como se você fosse o novo você, bem-sucedido, confortavelmente instalado em sua nova função dos sonhos;
- Em qual publicação você gostaria que aparecesse um perfil de sucesso seu?
- Qual é o estilo de escrita dessa publicação — em que se centrariam os artigos?
- Agora escreva o artigo descrevendo como você começou sua carreira e os passos que foram importantes para você alcançar o sucesso;
- Concentre-se nas fases mais importantes e no que sente por ter alcançado seus objetivos; escreva sobre o que aprendeu e sobre no que irá se inspirar no futuro.

SUA COLAGEM DA VIDA

Este exercício pode ser muito útil para pessoas que gostam de ser criativas (não importa se você acha que é bom em ser criativo!).

- Pegue um pedaço grande de papel (de preferência A0, que você pode comprar na maioria das papelarias) que possa ser enrolado com relativa facilidade — pois você vai querer armazenar para referência futura. Você também vai precisar de uma pilha grande de revistas, tesoura, cola, canetas coloridas e uma grande superfície para trabalhar, combinada com algum tempo para você mesmo;
- Percorra as revistas e recorte todas as fotos, palavras, declarações, cores etc., pelas quais se sente atraído. Nesta fase, não gaste muito tempo pensando por que se sente atraído por essas coisas — quanto mais conseguir reunir, melhor.
- Uma vez que você tem uma grande quantidade de figuras para escolher, comece a separá-las em pilhas. Você deve procurar imagens e palavras que gostaria de ver na sua vida "perfeita". Esse é um momento de brincar, sem muita seriedade. Divirta-se. Olha para cada figura que recortou — o que foi que atraiu você? O que ela representa? Existe uma imagem melhor para representar esse sentimento, situação ou pessoa? Então, se quer viver à beira-mar, há alguma imagem que represente isso? Se quer ganhar muito dinheiro, como vai mostrar isso? E os seus passatempos? E as pessoas que quer ter perto de você? Há fotos de família e amigos ou uma para simbolizar as relações que você gostaria de ter?
- Agora comece a adicionar as figuras ao grande pedaço de papel. Você pode adicionar palavras, cores, qualquer coisa que sinta que vai contribuir com a imagem do que você está almejando. Uma vez que sua colagem esteja completa: você adicionou algumas fotos que lhe dão pistas para a sua futura carreira?

Julie ainda estava paralisada quanto à sua futura direção de carreira, tendo completado todos os exercícios, então ela fez uma colagem da vida. Estava trabalhando em São Francisco e seguia em uma série de promoções constantes na área de serviços financeiros. Sua família estava orgulhosa dela, a primeira pessoa na família a ter ido para a universidade e a ter o tipo de sucesso financeiro do qual ela estava desfrutando. Julie, por outro lado, estava deprimida, irritada e insatisfeita, mas não sabia como mudar isso. Nós duas ficamos surpresas ao ver que sua colagem não incluía fotos de uma mulher de negócios, dinheiro ou promoção. Em vez disso, havia fotos de praias, crianças, aprendizagem, entre outros. Esse foi o ponto de partida do nosso brainstorming. O que ficou claro foi que ela estava naquela carreira para não decepcionar sua família, e não por si mesma. Depois de muita discussão, ela decidiu sair e se qualificar como professora infantil. Ela está muito feliz com a mudança e agora trabalha em uma escola onde o parquinho fica de frente para uma praia!

Capítulo 18
Colocando na ponta do lápis – avaliando as opções

"Coisas grandiosas são feitas de uma série de pequenas
coisas reunidas."
VINCENT VAN GOGH

Agora que você completou os exercícios de autoavaliação, é hora de juntar tudo. A maneira mais eficaz que encontramos para fazer isso e ter todas as informações prontamente disponíveis em um lugar é usando a matriz da Tabela 18.2. Nós fornecemos um exemplo de matriz parcialmente preenchida na Tabela 18.1.

Seu objetivo aqui é combinar na matriz todos os componentes reunidos a partir dos exercícios de avaliação que irão apontar seu trabalho perfeito. Nesta fase, não exclua coisas que você acha que não são possíveis. Você pode querer usar uma planilha para sua matriz.

Na matriz:

1. Escolha critérios dos exercícios de avaliação que acredita serem importantes em sua carreira futura. Para algumas pessoas será usar

suas melhores habilidades, então todas as habilidades são colocadas na grade. Outros podem decidir que querem considerar apenas um dos seus interesses ao avaliar as opções de carreira, então apenas um deles é incluído na lista;

2. Olhe para as suas necessidades e se certifique de que está cobrindo as coisas que são importantes para você (por exemplo, a faixa salarial que quer ganhar, sua localização ideal etc.);

3. Adicione outras preferências (como tipo de ambiente e tipo de superiores) se forem coisas importantes para você.

Não existe um número máximo de itens para colocar na parte superior da matriz, por isso não se sinta constrangido, embora encorajemos que tente selecionar pelo menos vinte e cinco itens que seriam componentes do seu emprego dos sonhos, sendo a média cerca de cinquenta itens diferentes.

Depois de ter preenchido todos os critérios que constituirão o seu emprego ideal, na coluna "empregos" liste os últimos empregos (ou os principais) que teve e depois marque quantos critérios eles cumprem no total. Isto lhe dará uma análise da adequação das suas posições anteriores e uma referência para comparar outras opções possíveis. Os resultados podem muitas vezes ser esclarecedores! Por exemplo, se você sabe que seu trabalho anterior, que foi bom, mas não muito bom, lhe deu uma pontuação de onze em vinte e cinco, você está definitivamente buscando mais do que uma pontuação de onze para os papéis que você está contemplando.

Nesta fase, você talvez queira também salientar os critérios que, no que lhe diz respeito, não são negociáveis — que podem incluir o salário e a localização —, pois não faz sentido procurar empregos que, em última análise, não vão ao encontro das suas necessidades. Você também pode querer dar mais peso a alguns critérios porque os acha mais importantes.

Se você não sabe se um emprego ou setor atende aos seus critérios, em vez de adicionar um sinal de positivo ou negativo, coloque um ponto de interrogação para lembrá-lo de descobrir aquela informação quando for pesquisar mais para a frente.

Tabela 18.1

Empregos possíveis	Valor: Focado em pessoas	Valor: Tempo com a Família	Valor: Aventura	Habilidades: Empreendedorismo	Habilidades: Liderança	Habilidades: Planejamento Estratégico	Interesse: Vinho	Salário: de £50mil a £80mil anuais	Localização: Londres	O superior deve me dar autonomia	TOTAL DE SINAIS POSITIVOS
Consultor de gestão em uma pequena empresa de nichos de mercado	√	?	x	x	√	√	x	√	√	?	5
Consultor de gestão em grandes empresas	√	x	x	x	x	√	x	√	√	?	4
Analista	?	x	x	x	x	?	x	√	√	?	2
Abrir uma loja online de vinhos	√	?	√	√	√	√	√	?	√	√	8

Tabela 18.2

Critérios →													TOTAL DE SINAIS POSITIVOS
Empregos possíveis →													

Capítulo 19 Fazendo um brainstorming de opções

"Uma ideia que não é perigosa é indigna de ser chamada de ideia."
OSCAR WILDE

A fase final da Parte II é aquela que as pessoas que estão mudando de carreira muitas vezes acham mais assustadora: opções de brainstorming para possíveis empregos. Eles costumam dizer que dá um branco completo e que, se *conseguem* ter ideias, as dispensam antes mesmo de passá-las pela matriz.

Outra pergunta comum aqui é: "E se eu simplesmente não souber que existe um tipo de emprego, afunilando as opções rápido demais?". Em algum momento, você vai ter que passar a régua e começar a pesquisar o que tem em vez de procrastinar e se perguntar sobre o que você não sabe. Uma vez que tenha decidido sobre uma área ou função, você vai começar a pesquisar, o que pode muito bem levá-lo para as funções "ocultas" mencionadas acima, então se concentre no que sabe e não no que não sabe.

> Tom estava interessado em entrar para o comércio de vinho, mas não tinha certeza sobre qual direção seguir, e inicialmente tinha listado três potenciais funções que podia considerar. Um dos seus trabalhos de pesquisa para recolher mais "linguagem própria" sobre a indústria foi descobrir o maior número possível de postos de trabalho no setor vinícola. Quando terminou, já tinha arranjado oitenta e sete possibilidades diferentes de empregos — catorze das quais eram possibilidades a se considerar e duas das quais, quando colocadas na matriz, se provavam dignas de serem perseguidas com mais energia. Ele então começou a trabalhar no comércio de vinho como comprador.

PENSANDO LATERALMENTE

Essa é a sua chance de brincar com ideias, por isso não exclua nada nessa fase. Se ficar bloqueado, pense o mais lateralmente possível.

> Mike tinha experiência na área de serviços financeiros e estava ansioso para sair de lá. Um dos seus principais interesses era o teatro. Ele começou a pesquisar se era possível unir os dois mundos, encontrando investidores-anjo e financiadores para produções cinematográficas e teatrais.

Se você está achando difícil encontrar ideias, peça aos amigos e familiares para olhar para a lista de critérios e ver se eles podem ajudar. Mesmo que estejam "fora da caixa", os comentários deles podem desencadear uma ideia. Uma vez que tenha tido tantas ideias quanto possível, você verá que talvez haja três ou quatro possibilidades que terão cumprido mais dos critérios do que quaisquer outras *ou* que continuarão a despertar o seu interesse e você quer saber mais sobre elas.

Agora você já deve estar pronto para decidir que carreira(s) deve começar a pesquisar primeiro. Falaremos sobre a forma de abordar essa próxima fase na Parte III.

É bem possível que seja útil consultar de novo a matriz no futuro, especialmente se for necessário avaliar duas opções (talvez duas ofertas de emprego). Olhar novamente para os seus critérios para o emprego perfeito pode tornar a decisão um pouco mais fácil, e pode ajudá-lo a considerar seus objetivos não tão imediatos e quais posições funcionariam bem para você a longo prazo. Para alguns, isso significa sofrer um corte salarial ou fazer um movimento aparentemente lateral para ganhar experiência e seguir em frente.

Estudo de caso: Jamie Lumley

Depois de terminar uma licenciatura em geografia, não fazia ideia do que queria fazer da minha carreira. Assumi uma função temporária como assistente de administração do Serviço Nacional de Saúde britânico (NHS, *National Health Service*). Acabei ficando lá por um ano, mas estava muito entediado e percebi que trabalhar em um escritório não era para mim. Mas eu não sabia o que queria fazer, além de trabalhar ao ar livre.

Percorri os vários exercícios e comecei a ter uma visão mais clara do que queria; fizemos um brainstorming até chegar a uma lista de carreiras em que eu poderia estar interessado. Depois de mais algumas pesquisas, surgiu a arboricultura, que parecia atender todos os itens que eu estava procurando em um emprego. Comecei um curso de meio-período enquanto trabalhava como jardineiro. Depois do curso, arrumei uma motosserra, certificados de trabalho em altura e encontrei um emprego em uma empresa de arboricultura. Comecei a trabalhar no chão, treinando escalada ocasionalmente. Agora sou o arboricultor de trabalho em altura substituto, trabalhando para me tornar o principal.

O maior desafio que enfrentei ao começar na arboricultura foi não ter certeza se eu poderia ou não lidar com o aspecto físico do trabalho. A experiência profissional foi muito importante para me convencer de que era capaz de aceitar o trabalho — não ia querer desperdiçar o meu tempo e energia sem saber disso. Assim, meu conselho a qualquer um que quer começar na arboricultura ou em qualquer carreira que envolve o estudo de uma nova função, seria começar com alguma experiência no trabalho antes de investir em cursos de graduação e etc. Acabei de terminar um curso mais avançado. Adoro o trabalho e sinto que encontrei a carreira certa para mim. Pretendo trabalhar como arboricultor por mais cinco anos, ou mais, e depois disso quero tornar um oficial do trato de árvore, ou um consultor em arboricultura.

É muito fácil, nesta fase, restringir suas opções muito rapidamente; muitas vezes, isso se deve a ideias preconcebidas ou a conhecimentos incompletos. Pergunte a si mesmo se está dispensando uma opção porque sabe que ela não funcionará para você ou porque não tem informações suficientes para tomar uma decisão informada. Talvez através de sua pesquisa você descubra que o emprego que identificou originalmente não é para você, mas pode acabar encontrando um emprego associado que é absolutamente perfeito e atende à maioria dos seus critérios.

Capítulo 20
Extras opcionais — psicometria e testes de carreira

"Saber não é suficiente; devemos aplicar. Não basta querer,
temos que fazer."
JOHANN WOLFGANG VON GOETHE

Uma área que ainda não abordamos é a das formas alternativas de recolher informações que possam ajudar no seu processo de tomada de decisão. Se você completou os exercícios que descrevemos e ainda sente que gostaria de ter dados adicionais, colocar essas informações extras na mistura pode ser uma boa ideia. Além disso, como a maioria dos exercícios anteriores depende de você analisar sua experiência, este capítulo pode ser útil para pessoas com pouca experiência de trabalho.

Muitas vezes nos perguntam se é útil fazer alguns dos testes psicométricos centrados na carreira para dar insights adicionais. Nossa resposta pode não ser aquela que você quer ouvir (a maioria das pessoas quer um sim ou não definitivos!) — isso é com você! Trabalhar na sua carreira e decidir a sua jornada profissional pode ser um trabalho árduo, e muitos clientes esperam que os questionários de personalidade e os testes de habilidades deem a resposta. Embora sejam ferramentas úteis para ajudá-lo a começar a analisar a si mesmo ou a gerar ideias, elas não são necessariamente algo que funcione isoladamente. No entanto, para aqueles com pouca experiência a analisar, como os que abandonam a escola e os recém-formados, os testes psicométricos podem ser um primeiro passo útil e fornecer uma estrutura dentro da qual trabalhar. Se você fizer um teste que faz sentido para você, então por favor o considere junto das informações que está coletando. Se você acha que um insight adicional de uma direção diferente ajudaria com o seu pensamento, destacamos abaixo algumas das opções disponíveis no mercado. Infelizmente, não há "bola de cristal", e ninguém conhece você melhor do você mesmo. É preciso muito trabalho e persistência para trabalhar em sua carreira, mas vale a pena — você vale a pena!

Ao longo dos anos, trabalhamos com muitos psicólogos ocupacionais para administrar estes testes para clientes. Emma Greggains, uma psicóloga altamente experiente que trabalhou extensivamente com clientes dos setores público e privado, deu-nos a sua opinião sobre a utilização de testes psicométricos no processo de desenvolvimento de carreira.

ONDE ENCONTRAR TESTES PSICOMÉTRICOS

Há uma quantidade cada vez maior de opções disponíveis de testes psicométricos para apoiar o desenvolvimento de carreira, muitos deles oferecidos gratuitamente na internet. Embora muitos testes possam ser úteis para gerar ideias ou olhar para uma determinada habilidade ou traço pessoal, decidir quais podem ser úteis para você pode ser um exercício demorado e confuso.

Recomendamos que, se estiver interessado em fazer um ou mais testes psicométricos, recorra ao conselho e à ajuda de um profissional que tenha sido formado nos vários testes disponíveis e que possa interpretar os resultados; ele poderá aconselhá-lo sobre quais testes (se os houver) acrescentarão valor ao seu percurso de desenvolvimento de carreira. A Sociedade Britânica de Psicologia (BPS, *British Psychological Society*) introduziu um sistema de certificação para apoiar as melhores práticas na utilização de testes. Segundo ele, profissionais podem ser titulares de um certificado de aptidão profissional de “nível A” ou de um certificado de aptidão profissional de “nível B”, mais avançado, dependendo do tipo de teste que está sendo administrado. O site www.psychtesting.org.uk/directories é mantido pela bps. Existe também a Comissão Internacional de Ensaios (ITC, *International Testing Commission*), em www.intestcom.org, que facilita a informação sobre a utilização dos testes em diferentes países. No entanto, ele não possui um registo de utilizadores de testes internacionais. Padrões específicos e um registro de usuários do teste devem ser fornecidos pelo próprio equivalente das bps de cada país (como, por exemplo, a Associação Americana de Psicologia [APA, *American Psychological Association*).

A principal razão pela qual você pode querer considerar o uso de resultados de testes psicométricos em seu processo de desenvolvimento de carreira é principalmente para aumentar a autoconsciência e estimular a discussão. Um profissional habilitado irá facilitar a sua sessão de feedback do teste, recorrendo a várias fontes de informação, tais como o seu conjunto de competências existentes, as suas preferências comportamentais e os resultados dos testes de aptidão. Uma advertência, no entanto: uma sessão de feedback do teste é apenas um trampolim para explorar diferentes opções de carreira, e não deve se tornar uma distração da tarefa real que você tem em mãos!

ESCOLHENDO O TESTE CERTO PARA VOCÊ

Seguem algumas palavras sobre o que caracteriza um teste no qual você pode confiar. Primeiro, é de confiança? Em outras palavras, as pontuações produzidas são consistentes ao longo do tempo? E em segundo lugar, é válido? O teste realmente mede o que diz que mede? Testes robustos que foram rigorosamente pesquisados e desenvolvidos serão sempre suportados por dados de confiabilidade e validade. O Centro de Testes Psicológicos (PTC, *Psychological Testing Centre*) da BPS (www.psychtesting.org.uk) é uma fonte útil de informação sobre os serviços relacionados com as normas dos testes.

É útil pensar em testes psicométricos como testes de *desempenho máximo* (como os que medem habilidades ou aptidões) ou de *desempenho típico* (como os que medem personalidade, valores ou interesses). Cada um tem seu lugar na agregação de valor ao processo de desenvolvimento de carreira.

TESTES DE DESEMPENHO MÁXIMO

Incluem testes de aptidão e de habilidades e são projetados para medir o potencial de aprendizagem de um indivíduo. Os resultados dos ensaios de aptidão devem ser interpretados por um profissional titular de um certificado de aptidão profissional de "nível A". Muitos testes de habilidade desenvolvidos por criadores conhecidos estão disponíveis online, bem como em versões impressas para facilitar a administração. Os testes de aptidão tendem a ter perguntas para as quais há geralmente uma resposta certa ou errada e um limite de tempo.

Há uma ampla gama de psicometrias que testam a capacidade dos indivíduos em domínios específicos, como o raciocínio abstrato, numérico ou verbal. Também estão disponíveis testes de aptidão que são especificamente relacionados ao trabalho; por exemplo, testes que medem aptidão para programação de computador ou revisão de prova. Em termos práticos, os testes de habilidade são extremamente úteis para identificar em que você é bom. Por exemplo, uma pontuação alta em um teste de raciocínio numérico pode abrir seu pensamento para uma ampla gama de opções de carreira.

TESTES DE DESEMPENHO TÍPICO

Tendem a ser questionários de autorrelato e, de um modo geral, enquadram-se em três categorias. A maioria destes questionários exige interpretação por parte de um profissional que possua um certificado de aptidão de "nível B" em ensaios ocupacionais, que tenha sido formado na ferramenta específica que está sendo utilizada.

- Os *questionários de personalidade* avaliam formas típicas ou preferidas de pensar ou de se comportar. Eles não têm respostas certas ou erradas e normalmente tentam avaliar o quanto um indivíduo tem de uma *característica* particular, como extroversão ou perfeccionismo. Ao construir um perfil da preferência de um indivíduo por se comportar de certas formas, é possível identificar opções de carreira que podem (ou não) "combinar" com a sua personalidade. Por exemplo, o que minha preferência por trabalhar em um ambiente calmo com oportunidades de analisar o comportamento das pessoas significa no desempenho de um novo cargo?

Numerosos questionários de personalidade estão disponíveis atualmente, e não é nosso objetivo listar todos eles. No entanto, as ferramentas mais robustas provavelmente são as produzidas pelos principais criadores de testes, porque eles têm os recursos para se concentrar em pesquisa e desenvolvimento extensivos. Normalmente, não há limite de tempo para responder a um questionário de personalidade.

- *Questionários de valores e motivação* são úteis para avaliar o que é importante para um indivíduo. O que o motiva e como são seus valores pessoais? Por exemplo, uma pessoa pode relatar que está motivada por uma necessidade de afiliação com outras pessoas, enquanto outra pode valorizar fortemente uma função que ofereça recompensa material.

Existe uma vasta seleção de questionários de valores e motivação bem validados atualmente disponíveis no mercado. Novamente, você precisará procurar o apoio de um profissional credenciado de "nível B" com treinamento apropriado ao usar um desses questionários como parte de seu processo de desenvolvimento de carreira.

Vale ressaltar nesse capítulo uma das mais conhecidas ferramentas de desenvolvimento de carreira sob medida, o Career Anchors. O Career Anchors foi desenvolvido por Edgar Schein, um líder no campo da carreira e estudos profissionais, e é projetado para ajudá-lo a pensar sobre o que você realmente quer de uma carreira. Ele usou o termo equivalente a "âncoras de carreira" para descrever "padrões de talentos, motivações e valores autopercebidos" que "guiam, restringem, estabilizam e integram a carreira de um indivíduo".

- *Inventários de interesse* avaliam as preferências das pessoas por atividades específicas. Um questionário de interesse profissional fornecerá dados sobre a preferência de um indivíduo por trabalhar num determinado tipo de emprego, como enfermagem ou engenharia.

Existem poucos inventários de interesses bem validados atualmente disponíveis. Treinamento é fornecido para certas ferramentas, mas, ao contrário dos questionários de personalidade e motivação, a maioria dos inventários de interesse não exige que os usuários tenham certificação de "nível B". Possivelmente o mais conhecido é o Strong Interest Inventory, que se baseia nos seis temas de ocupação geral de Holland. Esse teste vem sendo amplamente utilizado ao longo de muitos anos como parte da fase de autoavaliação do planejamento de carreira.

Como indicado na introdução desde capítulo, se você acha que precisa de informações adicionais para facilitar sua revisão de desenvolvimento de carreira, testes psicométricos bem escolhidos podem lhe fornecer dados objetivos e direcionados. Por exemplo, só porque você é bom em algo não significa que necessariamente estará interessado em seguir carreira nessa área! Você pode obter alta pontuação em um teste de raciocínio numérico, mas o feedback de autorrelato de um perfil de personalidade ocupacional pode mostrar que, em comparação com outros, é menos provável que você goste de analisar dados em seu trabalho. Este tipo de feedback é extremamente útil na discussão do desenvolvimento de carreira e pode resultar em um daqueles momentos de "eureca" que mudam o foco do seu pensamento.

Tabela de resumo

Agora que você reuniu todas as informações que serão úteis em sua busca por emprego, é útil ter, além da matriz, uma tabela de resumo que você pode manter com você para consultar constantemente ao procurar por oportunidades de emprego online (Tabela 20.1), para explicar o que está procurando ao conversar com um novo contato ou para continuar adicionando informações à medida que seu pensamento se torna cada vez mais claro. Quer guarde isto em papel ou no celular, recomendamos que tenha essa tabela em um lugar de fácil acesso.

Tabela 20.1

Minhas habilidades transferíveis:	Minhas principais conquistas:
O que valorizo	Meus interesses:
O que procuro em um local de trabalho	O que procuro em colegas e superiores:
Meus argumentos únicos de promoção:	Três palavras que quero que as pessoas associem a mim:
Minhas aspirações a longo prazo:	O que estou trabalhando para desenvolver (por exemplo: habilidades, experiências, comportamentos):
Setores/funções que estou pesquisando:	Quem eu gostaria de conhecer ou de ser apresentado a?
Meu plano de ação para este mês:	

PARTE III: E AGORA? COMO PESQUISAR, FAZER BRAINSTORMING E AVANÇAR

"Conhecimento é poder."
SIR FRANCIS BACON

Se você já leu livros desse gênero antes, provavelmente se deparou com o autor de alguns deles conclamando você a passar por cada etapa, uma de cada vez, e seguir o processo do começo ao fim. Ao longo dos anos, ambas lemos inúmeros desses livros para nosso próprio desenvolvimento, pesquisa e interesse. Fizemos o que a maioria das pessoas faz: folheamos o livro e pensamos "Vou voltar para fazer os exercícios quando tiver um tempo". Foi só quando começamos a montar este livro que, de repente, entendemos as súplicas dos outros autores. Sabemos, através de anos de prática, que essa metodologia só pode realmente funcionar se você passar por cada fase sistematicamente. Se estivéssemos com você pessoalmente, treinando-o através deste processo, estaríamos lá para identificar aqueles momentos de dúvida estampados em seu rosto e para lidar com os "sim, mas..." que inevitavelmente os seguem. Esperamos que esteja determinado o suficiente para fazer isso sozinho. Se você se esquivou dos exercícios até agora ou pulou um ou dois que não sentiu vontade de fazer, deve voltar agora e completá-los — começando essa nova parte com um vigor renovado, acreditando que você realmente pode trabalhar em direção ao seu objetivo de carreira.

Se não estamos dando a você o benefício da dúvida e você de fato seguiu o livro, pedimos desculpas! Se você concluiu a Parte II, tem agora um senso das suas habilidades-chave e experiências, tem também uma boa ideia do que está procurando em seu trabalho ideal, e fez um brainstorming de algumas ideias de carreiras para pesquisas. Também esperamos que tenha ultrapassado quaisquer obstáculos que estavam em seu caminho, ou que tenha um plano para lidar com eles quando, ou se, eles aparecerem.

A Parte III aborda como reduzir suas ideias a opções tangíveis. Vamos ver como você lida com o mundo do trabalho quando ele não parece se encaixar às suas circunstâncias de vida, seja a curto ou longo prazo, e como criar um plano de ação. Finalmente, na Parte IV, vamos rever as melhores práticas na arte dos processos seletivos e da negociação.

O início dessa parte pode parecer assustador para alguns, já que a maior parte do trabalho até o momento pode ser feito fora do radar — você pode olhar para si mesmo e para suas potenciais opções sem precisar compartilhar o que está fazendo com outras pessoas. Agora, você terá que se aventurar no campo aberto, e isso pode ser um momento de angústia para muitos, especialmente aqueles que são naturalmente introvertidos. Agora, mais do que nunca, ter uma rede de suporte ao seu redor para estimulá-lo pode ajudar muito. Você pode ocasionalmente sentir o coração na boca ao fazer algumas ligações para pesquisa ou começar seu networking. Dado que a parte da pesquisa é um elemento crucial e incrivelmente útil ao processo, esperamos que você consiga superar qualquer medo residual com o objetivo final de encontrar o emprego certo que está claramente na sua mira.

Capítulo 21
Pesquisa — separando a percepção da realidade

Como já mencionamos várias vezes no livro até agora, quanto mais informações/dados reais você tiver, mais fácil será tomar uma decisão sobre se uma carreira ou empresa é a certa para você. Muitas vezes perdemos de vista o que é realidade e o que é percepção, então a pesquisa sistemática de uma variedade de fontes diferentes o ajudará muito, à medida que você começa a restringir suas opções geradas pelo brainstorming a uma opção claramente favorita na qual poderá aplicar todas as suas energias.

Para muitos clientes, essa fase leva meses. A duração dela é determinada pelo fato de você já estar ou não trabalhando e por quanto tempo pode dedicar a ela.

ENCONTRANDO TEMPO PARA PESQUISA

O tempo que você vai demorar depende da prioridade que atribuir à sua pesquisa e das metas claras e mensuráveis que estabelecer nesta área. Como sabemos, ocasionalmente a vida pode atrapalhar os melhores planos. Sabemos por experiência própria que é muito fácil deixar essa fase à mercê do acaso, e que se pode perder a noção do que se está tentando descobrir e o porquê. Quanto mais tempo você puder separar de sua vida já ocupada, mais rápido completará essa parte do processo. Sabemos que se tiver um emprego de período integral ou filhos, o tempo será escasso, mas qualquer tempo que dedicar a esse processo será útil — até mesmo os ocasionais cinco minutos de pesquisa na internet lhe aproximam do seu objetivo. Muitas pessoas querem passar por esta fase o mais rápido possível, com o objetivo final de saber logo para onde estão indo, mas o tempo gasto fazendo esta pesquisa detalhada valerá a pena a longo prazo. Vá no ritmo certo para você — apenas mantenha o ímpeto e faça um pouco, com frequência, em vez de colocar as tarefas de lado jurando a si mesmo que vai voltar a elas algum dia. Esse algum dia raramente chega...

ATUALIZAÇÃO DA PASTA DE CARREIRA

Ao passar por esta fase de pesquisa, é muito importante rever a sua matriz. É a sua pedra fundamental — depois de cada sessão de pesquisa, você vai precisar fazer uma checagem e avaliar o que encontrou em relação ao que identificou como importante para você e que quer alcançar. Algumas opções serão cerimoniosamente retiradas da lista. Esse é um passo positivo, pois você pode então concentrar mais do seu tempo e energia em outras áreas que quer pesquisar e que ainda são opções viáveis. Conforme coletar informações da sua pesquisa, adicione-as à sua pasta de carreira para que você saiba onde tudo está ao invés de ter que começar do zero todas as vezes. Por exemplo, se você está na internet e vê notícias sobre uma empresa de um setor no qual você está potencialmente interessado, mas está saindo com pressa para uma entrevista, salve o link, coloque-o em sua pasta de carreira e leia-o quando tiver um tempo. A lei de Sod diz que se você pensar em encontrar o site e o artigo de novo quando voltar, esquecerá tudo sobre ele ou não conseguirá encontrá-lo. Além disso, se você mantiver todas as informações em um só lugar, quando tiver uma reunião com alguém do setor ou com uma empresa, poderá encontrar facilmente todas as referências com as quais se deparou antes da reunião, poupando tempo. Então, opte por um arquivo físico, ou por uma ferramenta online como o Evernote (um dos vários sistemas de arquivamento eletrônico disponíveis), pois manter tudo junto definitivamente tornará sua vida mais fácil a longo prazo. Sua matriz é seu ponto de partida para destacar as informações de que precisa — se é sobre o setor que gostaria de pesquisar, sobre a função sobre a qual gostaria de saber mais ou para responder a perguntas mais específicas e determinar se, por exemplo, uma potencial carreira irá pagar o salário que você procura ou irá corresponder a um determinado valor ou habilidade que identificou como importante.

Depois de ter esclarecido a informação de que necessita, a próxima etapa é descobrir a melhor forma de encontrar essa informação. Seu ponto de partida é a internet, que é um ótimo recurso para coletar informações. Pense em cada rota possível para descobrir o que você está procurando e siga cada link para um novo site, até que sinta que esgotou todas as suas opções. Se não tiver acesso a um computador, tente sua biblioteca local. Elas geralmente têm computadores que você pode acessar, e também muitas vezes armazenam cópias de jornais e revistas dos principais setores da indústria, o que pode lhe dar novas informações. Uma vez que tenha coletado todos os dados que puder dessas fontes, você terá uma lista de informações necessárias que podem ser obtidas de um jeito melhor com as pessoas que trabalham nesse campo.

TENDÊNCIAS

É claro que ninguém sabe o que o futuro pode trazer, mas encorajamos você a dar uma olhada nas previsões e tendências e no que isso pode significar para a sua carreira. Afinal de contas, é melhor entrar em uma indústria em crescimento ou em uma indústria em declínio? Encorajamos você a adicionar isto ao componente de pesquisa da sua busca por emprego para que possa considerar onde pode precisar se qualificar, ou quais competências melhorar. Existem vários relatórios que você pode ler — por exemplo, o Fórum Econômico Mundial (WEF, *World Economic Forum*) publica vários relatórios, incluindo um sobre os empregos do futuro. Fique de olho em novos setores que estão ganhando força, como o de finanças e tecnologia (FinTech, *Finance and Technology*) ou de tecnologia para a educação (EdTech, *Technology for Education*). Talvez logística através da entrega por drones.

Depois de ter encontrado um setor de interesse, pergunte àqueles que está entrevistando em que direção veem o setor se desenvolver no futuro e que aspectos do setor irão desaparecer. Você pode, naturalmente, estar pensando em criar seu próprio negócio, e parte de identificar uma lacuna no mercado também diz respeito a reconhecer tendências. Algumas empresas muito bem-sucedidas viram uma nova oportunidade e a capitalizaram. Às vezes, isso é mais por sorte do que por planejamento, pois ocasionalmente o sucesso pode ser atribuído ao tempo. Certamente, considerar o efeito de tendências futuras deve fazer parte do processo de tomada de decisão se você estiver iniciando um negócio. E, no mínimo, se você decidir seguir a rota tradicional de encontrar investidores, precisará incluir previsões e tendências futuras no seu plano de negócios. Então, considere: a sua ideia de negócio segue uma lacuna percebida no mercado? Se aproveita dela? Ou é desenhada para capitalizar sobre uma tendência completamente nova?

Outro lugar onde você pode ter uma visão do futuro é em conferências. Encorajamos você a pesquisar quais conferências estão acontecendo na sua área. Isto é útil por duas razões: 1. Você pode pesquisar quais assuntos estão sendo apresentados, pois muitas vezes estes serão temas focados no futuro ou questões importantes na indústria, dando-lhe uma pista de onde pode haver uma oportunidade; 2. Você pode ver quais empresas estão expondo e/ou quais palestrantes estão apresentando, dando-lhe uma lista pronta de empresas-alvo e potenciais contatos. Idealmente, você deve participar de algumas dessas conferências, uma vez que o contato olho a olho é inestimável para o networking, mas às vezes o custo pode ser proibitivo. Felizmente, no caso da maioria das conferências, muitas informações úteis podem ser coletadas online.

DIFERENTES TIPOS DE PESQUISA

Coleta passiva de informação

Essa é provavelmente a forma mais óbvia de pesquisa, mas vale a pena mencionar do mesmo jeito. Até agora, você tem uma lista de setores ou até mesmo funções em que pode estar interessado. Caso se trate de um setor ou de um emprego com o qual já está familiarizado, você estará complementando as informações que já tem. Se, no entanto, são setores completamente novos para você, então está prestes a fazer uma fascinante viagem de descoberta de um novo mundo. OK, talvez isso seja um pouco grandioso... mas, antes de começar a pesquisa, você precisa estar no estado de espírito certo para caçar todos os detalhes vitais de que precisa para tomar uma decisão muito importante — que pode afetar uma boa parte da sua felicidade e do seu senso de realização no local de trabalho (sem pressão!).

Ao longo dos anos, descobrimos que muitos dos nossos clientes tentaram encurtar esta parte, achando que um olhar superficial sobre um setor lhes diria tudo o que precisam saber. Isso pode, de fato, servir para tomar decisões primárias com base em fatores como se a carreira vai ou não pagar o salário que você precisa ou se exigirá altos níveis de aptidão que não têm nada a ver com você. No entanto, se um setor ou carreira começa a parecer uma possibilidade plausível, quanto mais informações detalhadas você reunir, melhor será para você. Isso acontece por algumas razões:

1. Vai permitir que você tome uma decisão informada sobre se a carreira combina com o que você está procurando;
2. Você vai começar a ter uma visão mais geral da indústria;
3. Você começará a reunir inadvertidamente "linguagem própria", que ajudará na futura coleta de informações com indivíduos envolvidos na indústria, além de permitir que você pareça mais impressionante em entrevistas;
4. Você pode se surpreender! Sua impressão inicial pode estar desatualizada ou afetar apenas uma parte de um setor, então quanto mais você souber, mais informado estará para tomar uma decisão e garantir que a informação esteja correta.

"LINGUAGEM PRÓPRIA"

Se pensar em algo sobre o qual tem algum conhecimento (seu músico preferido, seus passatempos, seu time, sua cidade), pode reconhecer que existem certas palavras e termos que só alguém com o mesmo conhecimento entenderá. Talvez você se lembre de estar em um espaço social onde há muito barulho; você está profundamente envolvido na conversa com alguém, mas então ouve outra pessoa em um grupo diferente — um grupo em cuja conversa você não estava prestando atenção — mencionar algo que repercute em você, como o nome de um artista obscuro cujo show você acabou de ver. Procuramos instantaneamente por similaridade nas pessoas, e esse tipo de referência nos dá uma conexão imediata. Reconhecemos alguém que pensa do mesmo jeito que nós... alguém do meio. Por outro lado, todos nos deparamos com pessoas que parecem bobas ao fingir ser o que não são e cavam a própria cova. Isso também acontece quando você expressa interesse em um setor ou carreira. Quanto mais informação você tiver ou quanto mais "linguagem interna" ouvir, assimilar e começar a usar naturalmente, mais provável será que você seja aceito como alguém de dentro, e terá então criado vínculos. Como acontece com todos nós, é mais provável uma pessoa ter disposição para e ser útil àqueles que estão na mesma frequência do que elas — pessoas que falam a mesma língua. Assim, o resultado de tudo isso é que quanto mais informações você descobrir, por mais insignificante que possa parecer, melhor: pode ser aquilo que vai lhe dar vantagem em conversas futuras com pessoas que são capazes de ajudá-lo na busca por emprego. E qualquer coisa que possa lhe dar uma vantagem vale a pena!

INFORMAÇÕES GERAIS

O ponto de partida (se ainda não o tiver) é a informação mais geral sobre o setor. É a base para qualquer pesquisa futura e pode muito bem dar a você os detalhes vitais que podem contar como opções na sua matriz.

As perguntas a considerar incluem:

- Qual é a dimensão do setor — ele possui aspectos diferentes?
- Quais são as principais organizações do setor?

- Como está o setor dentro do cenário econômico — em ascensão ou em declínio?
- Foram escritos livros sobre o setor como um todo?
- Quais são os principais jornais e revistas escritos dentro desse setor e como você pode acessá-los?
- O setor organiza conferências abertas ao público — em caso afirmativo, onde e quando?
- Quem são os principais comentaristas do setor (jornalistas, especialistas etc.)?
- Existe um órgão regulatório do setor?

Novamente, a internet é um ótimo lugar para começar com esse tipo de pesquisa. Primeiro, coloque o setor em um mecanismo de busca e veja o que surge — é o nome de uma empresa? Uma entrada na Wikipédia? Uma vez esgotadas as informações desta pesquisa preliminar, trabalhe em cada uma das perguntas acima usando o mecanismo de busca. Anote os principais sites da internet que são úteis ou os nomes que continuam a aparecer à medida que você avança. Conforme trabalha nessa pesquisa, pergunte-se se ela está tornando as coisas mais claras para você. Pode parecer óbvio, mas é fácil ser capturado pela fase de coleta de informações e depois perder de vista a razão de estar coletando-as. Começou a ver uma parte específica do setor que é mais apelativa do que outras? O que nessa parte do setor lhe interessa? Esse setor ainda parece uma boa opção para você? Se não sabe a resposta, o que mais você precisa saber sobre o setor para decidir se é uma boa opção? Continue até ter uma ideia de se o setor é o indicado para você.

Ao ter informação suficiente para decidir se, por exemplo, o setor de serviços financeiros lhe agrada, você é capaz de restringir ainda mais o setor a uma área específica do setor dos serviços financeiros? Se, na sua pesquisa, tiver decidido que a área de bancos privados é para onde gostaria de se orientar, pode então refinar as buscas para obter mais informações. Você pode descobrir que ainda tem mais de um setor que desperta seu interesse, então tente restringir cada setor a uma área de foco específica com as informações que reuniu.

INFORMAÇÕES MAIS DETALHADAS

Veja o que já reuniram sobre a área específica na qual vai se concentrar agora. Quais informações você ainda precisa? Para começar, aqui estão algumas ideias para coletar informações mais detalhadas:

1. Junte uma lista de todas as funções que você pode encontrar na indústria em que está interessado — tente exaurir ao máximo as opções (lembra-se do Tom, que conseguiu arranjar oitenta e sete opções no comércio do vinho?);
2. Apague todas as funções que não têm a ver com você de jeito nenhum;
3. Descubra que qualificações ou requisitos iniciais são necessários para cada uma das funções;
4. Liste quem são os principais empregadores desta indústria — o site deles tem informações adicionais que seriam úteis? Eles anunciam oportunidades de emprego na web?
5. Reúna informações mais detalhadas de revistas ou sites de associações comerciais, focando-se em quaisquer artigos que chamem a sua atenção — quais aspectos deles lhe interessam? Eles dão informações adicionais ou sugerem que aquele é um caminho para pesquisar mais?
6. Comece a montar uma lista de pessoas-chave da indústria — existem palestrantes, jornalistas e outras pessoas que são fundamentais para a indústria e estão enumerados? Você pode obter informações sobre como entrar em contato com essas pessoas por telefone ou e-mail?

À medida que recolher mais informações, algumas delas irão levá-lo a querer desenvolver novas linhas de investigação, e outras irão deixar claro que determinada direção não é para você. Cada vez que você adiciona ou remove uma linha de consulta é mais um progresso, mesmo que nem sempre pareça assim.

Durante a infância, Caroline se interessava por investigação de acidentes, mas quando mencionou isso à família eles caçoaram dela, dizendo que era uma profissão mórbida demais. Ela assumiu isso como verdade e, assim, nunca perseguiu aquele caminho como uma possível carreira. Quando começou seu coaching, falou sobre como ainda estava intrigada com a investigação de acidentes e continuou voltando a isso como uma opção. Sua primeira pesquisa foi para descobrir todos os diferentes tipos de investigação de acidentes e requisitos iniciais. Ela descobriu que precisava passar pelo serviço de polícia para se qualificar, então marcou uma reunião no centro de recrutamento local para discutir como poderia entrar no campo. Eles foram extremamente úteis — disseram que ela teria que se formar como agente da polícia e que, ao fim de algum tempo, poderia se candidatar a uma formação em investigação de acidentes, mas que não havia garantias. Ela falou com algumas pessoas no campo e fez uma pequena pesquisa mais aprofundada, mas o que ficou claro foi que ela não estava interessada em uma carreira na polícia sem uma garantia de que iria acabar na sua área de escolha. Sua pesquisa também lhe deu informações suficientes para que ela percebesse que a carreira não era para ela — não porque era muito mórbida, mas por circunstâncias familiares. Assim que desconsiderou a possibilidade, pôde se concentrar mais no que parecia certo para ela. Ela está agora ema sua área escolhida, a de vendas e marketing.

Muitas vezes descobrimos que nossos clientes têm que riscar coisas da lista para poderem avançar. Esse ato de finalmente desconsiderar um caminho de carreira pode ser tremendamente libertador, de modo que uma opção que tinha pairado em torno da sua cabeça pode se tornar uma séria candidata a futura carreira ou ser eliminada como opção de uma vez por todas. Volte à matriz. As informações que coletou até agora responderam a alguma das interrogações que tinha? Você eliminou alguma das suas opções listadas durante o brainstorming por causa da sua pesquisa? Adicionou novas opções à matriz e preencheu a linha de acordo com seus critérios?

COLETA ATIVA DE INFORMAÇÃO: NETWORKING

Como você viu na história de Caroline, depois coletar todas as informações possíveis de fontes passivas, o próximo passo é começar a falar com as pessoas que trabalham na área sobre a qual se quer saber mais.

Quando o networking é mencionado, geralmente são evocadas imagens de salas cheias de pessoas que você não sabe se precisa ou não abordar para conseguir detalhes de contato ou para dar os seus contatos a elas — um pensamento extremamente estressante para a maioria das pessoas, mesmo para alguns extrovertidos! Ajudamos as pessoas que conhecemos, das quais gostamos e nas quais confiamos, e esse deve ser o seu ponto de partida. É muito fácil ignorar as pessoas mais próximas de você como fonte de ajuda e assistência: é muito importante que você diga a seus amigos e familiares que está pesquisando certos empregos ou áreas. É altamente provável que você não conheça toda a rede de contato deles, e você certamente não sabe do lado de quem eles vão sentar em um trem ou com quem vão conversar em uma festa — eles precisam ser seus olhos e ouvidos. Muitas pessoas têm alguém na família ou um amigo que está sempre enviando recortes de jornais ou conversando com toda e qualquer pessoa — recrute-os para sua equipe de exploração.

Agora é a sua vez de começar seu networking e a coleta de informações das pessoas pertinentes. Não há como fugir disso — essa é a parte que a maioria das pessoas acha mais assustadora. Pegar no telefone e falar com alguém para pedir ajuda pode ser perturbador, especialmente se você não a conhece ou se a relação entre vocês for tênue, na melhor das hipóteses. No entanto, nessa fase, essa é uma parte crucial do processo, pois é provável que você ainda tenha muitas perguntas sobre o que é necessário para uma determinada posição na indústria de sua escolha. Trabalhamos com centenas de pessoas que enfrentaram isso aos trancos e barrancos, por isso tentamos traçar algumas rotas testadas e experimentadas para obter a informação de que você precisa de uma forma tão indolor quanto possível. Obviamente, você pode adaptar esses pensamentos de modo que funcionem para você e para as pessoas das quais está se aproximando — mas eles devem lhe dar um bom ponto de partida.

PRIMEIROS PASSOS

Esperamos que, durante a coleta de informações, você tenha começado a listar alguns nomes de pessoas-chave que podem ser úteis. Você tem os contatos delas? Se não, esse é o próximo passo. Se sabe onde eles trabalham, talvez o site da empresa possa lhe dar os contatos ou, pelo menos, um número da central telefônica principal. Retornaremos a esse grupo de pessoas no devido tempo, mas fazer uma "chamada fria" — ou seja, uma chamada para alguém que você não conhece e que não tem nenhuma razão para atender a sua chamada — pode ser o mais assustador. Então, vamos ver como você pode reunir algumas opções mais "quentes": aquelas pessoas com as quais você já tem algum tipo de ligação.

Você já deve ter ouvido falar do conceito de "seis graus de separação". Foi uma ideia, desenvolvida em uma peça de teatro e, mais tarde, em um filme escrito por John Guare, que sugere que se você está a um elo de distância de cada pessoa que conhece, a dois elos de distância de cada pessoa que cada um desses indivíduos conhece e assim por diante, e chega um ponto em que cada um de nós está a apenas seis elos de distância de cada indivíduo na Terra. Existem várias redes sociais que funcionam desse jeito — nossa favorita para redes empresariais é o LinkedIn —, que podem ajudá-lo a se ligar a outras pessoas através do seu network.

Você pode dar de ombros e dizer que não vai funcionar para você, mas achamos que ficará surpreendido se abordar esta parte da pesquisa com uma mente aberta.

O primeiro passo é começar a dizer às pessoas que estão a um elo de distância de você que você está tentando encontrar pessoas envolvidas em um determinado trabalho ou indústria e perguntar se eles conhecem alguém que poderia apresentá-lo a essas pessoas. Comece pelos mais fáceis — a sua família e os amigos mais próximos —, e depois vá aumentando gradualmente o grupo de pessoas a quem pede ajuda. Vai ficar surpreendido com os contatos que as pessoas conseguem arranjar — e não desconsidere ninguém. Seu primo agricultor pode não ser a pessoa mais óbvia para pedir os contatos de alguém na área de gestão do esporte, mas talvez ele tenha estudado com alguém cujo parceiro trabalha na área. Nunca presuma que você sabe quem pode ajudar — pergunte!

Uma das coisas a se ter em mente quando você faz isso é que as pessoas gostam de ajudar, especialmente se isso faz com que elas pareçam conhecedoras do processo ou especialistas nele! Se um de seus familiares ou amigos se aproximasse de você para ajudar a encontrar pessoas na área escolhida por elas, você se ofereceria para ajudar? Esperamos que sim! Trabalhe pensando que as pessoas que você vai abordar sentem a mesma coisa.

Estudo de caso: Kaye Kent

Minha matéria preferida sempre foi a arte. No entanto, não havia bons orientadores vocacionais disponíveis na minha escola, e acabei apenas fazendo história da arte na faculdade. Ainda sem ter a certeza do que queria fazer depois de me formar, fiz mestrado em estudos de patrimônio, para me qualificar como curador. Depois de conseguir meu primeiro emprego profissional em uma galeria na costa sul, percebi que trabalhar no setor público não era para mim, então tentei vários empregos em galerias comerciais, o que combinou mais comigo. No entanto, sempre tive de ir atrás do trabalho e acabei me mudando várias vezes. Finalmente, tive a minha grande oportunidade de trabalhar como consultor de arte para uma empresa em Liverpool — e foi realmente o meu emprego dos sonhos! Tive que criar um acervo de arte do zero para atender projetos de design de interiores, o que envolveu viajar por todo o Reino Unido, olhar para obras de arte e conhecer artistas. Era o paraíso! O problema era: eu tinha encontrado um emprego que amava, mas ele estava localizado no lugar errado, pois eu queria desesperadamente voltar para casa em Yorkshire. Finalmente, a hora do vai ou racha chegou e decidi pela primeira vez colocar minha vida pessoal antes do trabalho, então mergulhei de cabeça e me mudei. Tentei continuar trabalhando de casa por um tempo, mas me senti muito isolado e sentia falta de estar em um ambiente de trabalho movimentado. Com tão poucas oportunidades, percebi que uma mudança de carreira era a minha única opção.

Sempre me interessei pela ideia de trabalhar na TV, mas não sabia por onde começar. Foi através de um amigo cinegrafista que fui aconselhado a tentar obter alguma experiência de trabalho na Yorkshire TV. Fui aceito em um estágio de duas semanas no departamento de arte, durante o qual tive meu primeiro contato com esse mundo. Com sorte, a nova temporada de uma série estava entrando em produção quando meu estágio terminou, e eu fui contratado como chefe do departamento de arte — o que foi uma grande oportunidade para trabalhar em uma produção real. Desde então, trabalhei em vários filmes e séries de TV, e agora estou trabalhando como comprador de produção e decorador de cenários. Essa função se relaciona com o conhecimento dos estilos de época que adquiri através do treinamento como curador, e posso usar as habilidades da minha carreira como consultor de arte, como trabalhar com briefings de design e conseguir os figurinos apropriados para vários sets. Cada trabalho é diferente, o que sempre mantém minha vida profissional variada e desafiadora. Trabalho até tarde e a falta de segurança de trabalhar como freelancer pode ser estressante, mas finalmente encontrei uma vocação que reúne minhas forças criativas e meu conhecimento, e estou muito feliz sabendo que tive a coragem de fazer uma mudança.

DICAS PRINCIPAIS

Se alguém lhe der uma dica, siga-a — não há nada pior do que dar uma orientação a alguém e a pessoa não fazer nada a respeito. Agradeça-lhes pela sua ajuda e depois lhes diga como funcionou o contato — descobrimos que a grande maioria das pessoas gostam de ajudar, mas também gostam de ser agradecidas!

Se alguém tiver uma dica que serve para você, pergunte se a pessoa estaria disposta a fazer as apresentações em vez de apenas lhe dar os detalhes de contato. Se ela estiver, pergunte se poderia descobrir com a pessoa que está recomendando se ela se importaria de receber uma ligação para marcar uma reunião ou falar com você ao telefone por vinte minutos para que você possa fazer perguntas sobre a área dela. Deixe claro nesta fase que não está à procura de emprego, apenas atrás de informações.

SUA BASE DE DADOS DE CARREIRA

Mantenha um registo de todas as pessoas com quem se depara e de seus contatos — nunca se sabe quando poderá ser necessário voltar a entrar em contato com eles, por isso é útil manter todas as informações em um único local. Sugerimos uma planilha ou uma base de dados (ver figura 3.1). Isso lhe dará uma visão geral do progresso que está fazendo, vai garantir que você acompanhe as potenciais novas dicas, e você não terá que confiar em sua memória para saber onde colocou os cartões de visita ou quando pediram para você ligar de volta caso não tenham podido falar quando você ligou pela primeira vez.

Tabela 21.1

Nome	Sobrenome	Quem apresentou	E-mail	Telefone	Empresa	Último contato	Status	Outras informações
John	Gordon	Kay Williams	johngordon@hotmail.com			Dez 2016	Ligue novamente em janeiro	Disse que me apresentaria ao colega James Wills

PREPARE SUA ABORDAGEM

Antes de começar a fazer ligações para as pessoas a quem foi apresentado, vale a pena fazer uma lista das informações que você quer obter com a conversa. Perguntas que vale considerar incluem:

1. Como começou a trabalhar nessa área? Qual é o seu histórico?
2. O que você mais gosta e menos gosta no que faz dentro dessa indústria?
3. Quando está recrutando alguém, que habilidades e qualificações você procura?
4. Se estivesse no meu lugar, tentando entrar nessa carreira, o que faria a seguir?
5. Quando está recrutando alguém, como faz isso? Através de uma agência, anuncia vagas em seu site ou em alguma publicação em particular? (Isso vai lhe dar uma nova pista sobre a melhor forma de se candidatar a cargos caso decida avançar).
6. Há mais alguma coisa que acha que seria útil para mim e que não lhe perguntei? (Essa é uma pergunta muito genérica, mas muitas vezes pode render alguma informação fascinante!)
7. Há mais alguém que possa me apresentar que pode ajudar na minha pesquisa de informações antes de eu decidir seguir uma carreira na área?

Obviamente, você vai querer adicionar suas próprias perguntas, buscando informações específicas de que precisa para responder qualquer pergunta remanescente da sua matriz. Também vale perguntar se a pessoa se importaria que você entrasse em contato novamente se tiver mais perguntas.

FAZENDO CONTATO

Depois que preparar a lista de perguntas, é hora de pegar o telefone ou esboçar seu e-mail pedindo ajuda, seja qual for a forma de contato sugerida pela pessoa com a qual vai falar. Quando entrar em contato, mencione o conhecido que vocês têm em comum e o fato de que ele ajudou com a apresentação de vocês. Pergunte se a pessoa tem vinte minutos, pessoalmente ou por telefone, para que você faça algumas perguntas sobre a área dela — mais uma vez, reitere que não está à procura de emprego nessa fase, e que é apenas uma coleta de informação.

A maioria das pessoas ficam curiosas quando você menciona que não está procurando um emprego quando seria altamente provável que estivesse. A razão para isso é: embora muitas pessoas fiquem muito satisfeitas por serem úteis dando informações, elas geralmente são mais reticentes quando são colocadas na posição de ter que desapontar você dizendo que não, não há emprego — elas evitarão, portanto, uma situação em que isso possa acontecer. Se você tirar essa possibilidade da equação ao iniciar a conversa, as pessoas poderão relaxar e ficarão ainda mais felizes em ajudar. Não presuma que, por ter chegado direto a elas, estarão disponíveis instantaneamente para começar a responder às suas perguntas — eles podem preferir agendar um horário que lhes seja mais conveniente, então vale a pena perguntar o que funcionaria melhor para elas.

Depois de iniciar sua entrevista de coleta de informações e de ter tido a confirmação de que a hora é conveniente, cabe a você gerenciar o tempo da entrevista — se pediu vinte minutos, mantenha-se nos vinte minutos. Se estiver ficando sem tempo, mencione que reconhece que pediu vinte minutos, mas ainda tem algumas perguntas rápidas a fazer — tudo bem? A pessoa com quem estiver falando apreciará a sua consideração e, geralmente, vai lhe dar o tempo extra de que precisa. Caso esteja se encontrando presencialmente e queira tomar notas, vale a pena perguntar se o outro está confortável com isso. Novamente, a maioria das pessoas apreciará o fato de você ter perguntado e dirá que não há problemas.

CONSOLIDE SUAS INFORMAÇÕES

Depois do fim do seu telefonema ou reunião, encontre um local sossegado para se sentar e escrever qualquer informação adicional que queira capturar, incluindo os contatos de qualquer outra pessoa com quem seu interlocutor tenha sugerido que você fale. É muito tentador pensar que você vai se lembrar do que foi dito ou que o vai fazer mais tarde, mas é espantoso quantas pérolas de informação podem se perder até o dia seguinte. Continue revisando as perguntas feitas nas reuniões para levar em conta as novas informações a serem coletadas em cada nova consulta. Se agora você tem uma noção das qualificações necessárias para a função que identificou, não precisa continuar fazendo a mesma pergunta sobre isso, mas pode querer perguntar quais lugares seu interlocutor considera os melhores para estudar. Conforme você obtém mais informações, suas perguntas se tornam mais focadas e assimilam a "linguagem interna", o que não só ajudará a desenvolver um maior relacionamento nessa fase de coleta de informações como também será vital quando você estiver sendo entrevistado para funções específicas.

Uma vez que tenha conhecido ou falado com todas as pessoas que resultaram de apresentações diretas através do seu círculo imediato de amigos, é hora de entrar em contato com aquelas cujos contatos você tem, mas às quais ainda não foi apresentado. Bem-vindo ao mundo do networking! O contato é muito semelhante ao descrito anteriormente, mas, se você não conhece ninguém em comum, então faça referência a como você encontrou o nome dessa pessoa (talvez ela tenha falado em uma conferência ou escrito um artigo do qual você gostou particularmente) e diga que queria saber se seria possível fazer perguntas a ela durante apenas vinte minutos. É provável que obtenha mais respostas negativas para essas abordagens do que para as abordagens nas quais teve uma introdução direta, uma vez que não há um bom motivo para que a pessoa o ajude. Não fique desanimado se lhe disserem que não podem ajudar — é apenas parte do processo. Sempre vale a pena perguntar se eles podem recomendar alguém que possa ajudá-lo na coleta de informações — nunca se sabe, às vezes você pode conseguir um novo contato. E é muito mais fácil ligar para um superior em potencial dizendo que o nome dele foi dado a você por alguém que é bem conhecido na indústria! Vale a pena correr atrás de qualquer coisa que ajude.

Depois de concluir essa fase de sua pesquisa, avalie se respondeu a todas as perguntas que continham pontos de interrogação em sua matriz. Você já começou a se concentrar em uma opção de carreira em particular? Se ainda faltarem algumas lacunas no que queria saber, quem pode ajudá-lo a obter a informação de que precisa? Você pode achar que o que estamos prestes a dizer é apenas uma questão de seguir o senso comum e ser educado, mas é incrível como muitas pessoas não pensam sobre as gentilezas sociais durante coleta de informações, então pedimos desculpas se ofendemos aqueles de vocês que assumiriam isso como óbvio — e, para aqueles que podem não ter pensado sobre isso, fica a sugestão: agradeça à pessoa que você entrevistou para obter informações! Parece simples, mas muitas vezes é algo ignorado.

PRÓXIMOS PASSOS DO NETWORKING

Você pode já ter abordado todas as pessoas em que pôde pensar, ou então estagnou e quer uma nova abordagem para manter seu entusiasmo. Nesse momento, pode ser uma boa ideia considerar a possibilidade de entrar na cova dos leões e participar de uma reunião de networking que é pensada para que pessoas com os mesmos interesses se encontrem. Tente colocar "networking", a indústria escolhida e sua localização no seu mecanismo de busca e veja o que acontece.

A maioria das profissões tem uma associação afiliada, e esse pode ser um bom ponto de partida. Inicialmente, você pode ir junto para conferências e exposições para descobrir mais sobre essa área, conseguir as listas de participantes e ver quem estará discutindo as questões mais importantes nas palestras ou workshops da conferência. Se estiver fazendo uma pós-graduação como ferramenta para mudar de carreira, você pode usar conferências como uma maneira de ajudá-lo a elaborar sobre o que seu projeto ou dissertação deve ser.

Muitos dos estudantes de MBA bem-sucedidos com que Jane trabalha usam estrategicamente seus projetos como uma maneira de obter experiência em uma nova área ou indústria. Eles escolhem um tema que é muito atual e que pode ser compartilhado integral ou parcialmente com outras empresas da área, de modo que tenham algo a oferecer caso não sejam contratados pela empresa dentro da qual fizeram o projeto. A empresa com a qual optam por fazer o projeto muitas vezes os apresenta aos fornecedores e parceiros que podem ser contatos úteis no final do MBA, quando estão à procura de emprego. Os alunos menos bem-sucedidos muitas vezes apenas assumem um projeto oferecido pela escola de negócios em uma área não relacionada com os seus objetivos de carreira a longo prazo.

Estudo de caso: Klaudiusz Zwolinski

Depois de me formar numa universidade técnica na Polônia, mudei-me primeiro para a Alemanha e depois para a Bélgica, trabalhando para um integrador logístico internacional. Trabalhei na sede europeia em várias funções de marketing e vendas. O trabalho em si foi ótimo, com projetos desafiadores, e trabalhei em uma equipe internacional, experiente e solidária. Depois de um tempo, comecei a me perguntar se a logística era realmente a área na qual gostaria de estar nos próximos trinta anos. Percebi que estava mais interessado no setor financeiro, e por isso decidi me candidatar a um MBA para ampliar meus conhecimentos, desenvolver novas habilidades e estimular a mudança de carreira. O curso foi uma experiência muito estimulante e me permitiu ir na direção que eu queria. No entanto, não foi fácil. Sem estudos financeiros específicos e com formação profissional em logística, foi difícil fazer a mudança. A crise financeira que se aproximava tornou a situação ainda mais difícil. No entanto, fui persistente. Um projeto de MBA em um respeitado fundo de capital de risco me ajudou a obter insights valiosos e construir credibilidade. Trabalho agora como consultor interno de gestão em uma instituição financeira multinacional. O trabalho é emocionante e me sinto satisfeito com a mudança que fiz. Meu conselho para qualquer um é procurar constantemente o que realmente gosta de fazer. Conforme você coleta mais experiência, a imagem se torna mais clara, mas a mudança também é mais difícil. Um MBA ou o aconselhamento de um coach de carreira são maneiras muito boas de colocá-lo de volta no caminho certo.

Participar de uma reunião de networking pode ser um passo muito grande para algumas pessoas, mas gostaríamos de encorajá-lo a tentar se puder. Se não conseguir, tudo bem — deve haver outra forma de conseguir uma apresentação ou a informação que está procurando, você só vai precisar de um pouco de criatividade! Vale sempre a pena ter em mente que é provável que você tenha que dar mais do que você recebe em termos de networking. Tente não estabelecer metas irrealistas quando começar a trabalhar com isso.

QUANDO SE ESTÁ PROCURANDO UMA CARREIRA, VOCÊ NUNCA ESTÁ DE FOLGA!

Ao descobrir seu caminho através deste livro, é sempre útil considerar que você está continuamente em busca de informações. Nunca se sabe de onde virá a informação vital ou a dica que vai se provar a peça final do quebra-cabeça que o ajudará a fazer a mudança para uma nova carreira ou função. Sabemos de várias pessoas que fecharam negócios, encontraram uma indicação para um emprego ou até mesmo conseguiram investimento de pessoas que encontraram na fila de espera em um café, iniciando uma conversa em um trem ou através de um outro convidado de um casamento. Novamente, é o caso de dizer às pessoas o que você está procurando para que elas possam ajudá-lo se a oportunidade surgir.

Estudo de caso: Laura Bevill

Fiz a transição para um emprego no setor financeiro logo depois do meu MBA através de networking. Meu amigo e mentor foi alguém que conheci na igreja em Boston. Ele me ajudou na preparação das candidaturas às escolas de negócios. Seu antigo chefe perguntou se ele conhecia alguém que poderia ser adequado para um novo cargo como consultor de investimentos. O consultor de investimentos atual tinha contratado um novo cliente, um grande banco estadunidense. Como tinha escrito minha dissertação com o Lloyds TSB enquanto estudava na escola de negócios da Universidade de Bath, a empresa viu a minha experiência como inestimável e me fez uma oferta. Desde que comecei a trabalhar como consultora de investimentos, aproveito a experiência e o networking que me ajudaram na transição para representar gestores de ativos que vendem para o canal de consultoria. Agora, contato pessoas que desempenham funções de consultoria em pensões, como aquelas nas quais já trabalhei. Minha nova função oferece mais interação com o cliente e mais exposição ao mercado. Hoje, represento a Apollo Global Management vendendo produtos de capital privado, crédito e fundos de cobertura para o canal de consultoria de investimentos.

Lembre-se: se não pedir ajuda, não vai conseguir! Mova-se e use seus poderes de dedução para encontrar todas as informações e contatos de que precisa para decidir se está pronto para ir nessa direção. Mentores podem ser encontrados em lugares incomuns.

Amit Pandey encontrou o contato de network que o levou a se candidatar ao seu primeiro emprego no Reino Unido em um campo do críquete. Após entrevistas e passagens por centros de avaliação, ele conseguiu um emprego no HBOS como analista de negócios sênior. Embora ainda tivesse que passar pelo processo de recrutamento, o contato inicial veio do networking e o ajudou a meter o pé na porta. Isso foi particularmente impressionante pois ele era um estudante estrangeiro estudando para o seu MBA em Leeds, sem network significativo no Reino Unido.

PREOCUPAÇÕES COMUNS

Ao longo dos anos, nos deparamos com algumas preocupações recorrentes sobre como lidar com esse aspecto da coleta de informações, então achamos que seria útil dizer quais são elas e dar nossas respostas habituais — assim você sabe que não está sozinho, mas infelizmente também não livra a sua barra!

E se essa pessoa não quiser me ver?

Pode acontecer — e, se acontecer, siga em frente! De acordo com o livro *Give and Take* [*Dar e receber*], de Adam Grant, há tomadores, compensadores e doadores. Você pode ter acabado de entrar em contato com um tomador, que não vê vantagem nenhuma para ele nessa relação. É a vida. Steve Dalton vai mais longe no livro *The 2 Hour Job Search: Using Technology to Get the Right Job Faster* [*Trabalho em duas horas: usando a tecnologia pra encontrar mais rápido o trabalho certo*], no qual sugere monitorar os tempos de resposta para ajudar a identificar aqueles que estão naturalmente inclinados a ajudá-lo (ele descreve essas pessoas como "impulsionadores").

Por que as pessoas me ajudariam?

Mude o seu jeito de pensar. Contate as pessoas com a expectativa de que elas o ajudarão. Constatamos que, na maioria das vezes, as pessoas sentem vontade de ajudar se forem abordadas com cortesia e consideração. Se não for assim, é um caso perdido, então simplesmente passe para o próximo contato. No entanto, se isso continuar acontecendo, você deve pedir feedback para melhorar sua abordagem ou jeito de se comunicar.

Eles não vão achar que eu trabalho para a concorrência e, portanto, ficar relutantes em compartilhar informações?

A maioria das pessoas confia na própria capacidade e fica feliz em compartilhar informações com aqueles que estão começando. No entanto, se você está pensando, por exemplo, em abrir uma floricultura em sua cidade natal, provavelmente não faria sentido fazer entrevistas informativas com outros floristas do mesmo local, porque eles provavelmente se sentiriam ameaçados e não iriam querer compartilhar os seus segredos comerciais! Em vez disso, você poderia abordar floristas em cidades, digamos, a mais de cento e cinquenta quilômetros de distância.

Estou nervoso e tímido

A maioria das pessoas se sente nervosa quando começa essa parte da coleta de informações. É o caso de encontrar uma forma de superar isso. Talvez você nunca tenha entrevistado alguém antes e queira praticar antes de começar a falar com pessoas em sua carreira escolhida. Se esse for o caso, divirta-se entrevistando amigos sobre seus empregos ou até mesmo hobbies, sem se importar se eles são relevantes para o que você quer fazer. É uma questão de ganhar confiança para entrevistar e conseguir a informação de que precisa em um ambiente seguro. Isto aumentará a sua confiança para passar para a próxima fase.

Como encontro essas pessoas para entrevistar?

Comece com quem o conhece bem, porque são pessoas que conhecem, confiam e gostam de você e, por isso, é mais provável que o ajudem. Família, família estendida, amigos da escola, amigos da universidade, amigos conectados com seus hobbies ou esportes, contatos da igreja ou pessoas que você encontra em eventos de networking — todos contam. Diga a eles que está procurando contatos nesses campos e pergunte se conhecem alguém que possa estar aberto a falar com você.

E se ninguém próximo de mim conhecer alguém nessa área?

Então, você precisa começar a contatar diretamente as pessoas. Consulte as publicações e conferências nas quais você já procurou por nomes de pessoas a serem contatadas. Agora, é a sua oportunidade de começar seu networking.

O que fazer se eles disserem que acham que podem ter um emprego para mim quando já disse que não se trata de uma procura por emprego?

Sorria e diga que ficaria encantado em saber mais sobre o cargo em potencial. Isso vai depender de onde você está em sua reunião de informação para saber se está definitivamente interessado nessa carreira. Você pode explicar por que disse inicialmente que não estava procurando um emprego, apenas informações. No entanto, não agarre o primeiro emprego de que ouvir falar ou que for oferecido a você — o objetivo deste livro é encontrar o emprego certo, não apenas um emprego qualquer dentro da área que escolher, por isso é bom expressar interesse em saber mais, mas continuar com a sua diligência prévia à medida que avança.

AINDA NÃO SEI PARA ONDE ESTOU INDO — O QUE DEVO FAZER?

Bem que gostaríamos de dizer que você vai chegar à resposta definitiva sobre a carreira certa para você imediatamente, mas muitas vezes as coisas não funcionam assim. O que sabemos é que não encontramos ninguém que tenha mantido o ímpeto e a determinação que, em última análise, não tenha encontrado a resposta certa. Se você está sofrendo com isso, então o que lhe aconselhamos a fazer é:

Não faço ideia do que tenho para oferecer

Volte aos exercícios da Parte II e se concentre nas suas realizações até o momento, pense nas competências transferíveis ou talvez pergunte a amigos ou colegas próximos o que pensam para conseguir algumas ideias novas.

Não faço ideia do que quero fazer

Volte à matriz do Capítulo 18. Consegue ver alguma ideia se materializando? Talvez valesse a pena se sentar com algum amigo para fazer um brainstorming e não descartar quaisquer ideias que venham à mente. Às vezes, a ideia mais incomum, uma vez pesquisada e explorada, acaba sendo a resposta.

Estou confuso — há opções demais

Use a matriz para estruturar sua pesquisa e avaliar suas opções em relação ao que já adicionou a ela. Conforme aprende mais através de sua pesquisa, você deve descobrir que está eliminando algumas opções enquanto outras começam a tomar a dianteira.

Não tenho opções suficientes

Faça sessões de brainstorming com amigos, um mentor ou com um coach de carreira. Pesquise online para ver se existem listas de funções e setores — você tem algum interesse que vale a pena explorar?

Não sei quais empregos que tem por aí e me serviriam

Você precisa pesquisar mais — infelizmente, não tem como contornar isso! Quanto mais você sabe sobre a variedade de setores e funções dentro deles, mais verá algumas opções se materializarem.

Não sei em que indústria entrar

Volte ao exercício de interesses do Capítulo 13, analise os sites que apresentam informação sobre carreiras e restrinja os setores que são de interesse e os que não são. Você pode estar interessado em logística, mas não ter interesse em manufatura ou no setor público. O mais importante é não desistir.

E DEPOIS?

Depois de ter feito uma pesquisa para lhe dar uma direção clara, você pode então avançar para o próximo estágio. Após a pesquisa que fez, você se decidiu por apenas uma opção? Se não, o que mais precisa saber para tomar uma decisão? Se você ainda não tiver certeza, pode ter que fazer mais pesquisa, talvez falar com mais pessoas ou voltar ao estágio de brainstorming. Depois de ter restringido sua opção a uma que pareça certa, você pode então começar a construir uma estratégia para os próximos passos. A primeira coisa a avaliar é o que está impedindo o seu caminho de progredir para conseguir o cargo que você quer. Entre as coisas que você pode ter que considerar estão:

1. Você tem os recursos financeiros para fazer uma mudança?
2. Você precisa estudar para se mover na sua nova direção? Em caso afirmativo, consegue se sustentar enquanto estuda?
3. Você ainda tem algumas perguntas residuais sobre como seria trabalhar na área? Elas poderiam ser respondidas com mais pesquisas ou entrevistas? Talvez você possa se voluntariar para trabalhar em uma organização na área para conseguir mais experiência prática.

Encorajamos você a continuar coletando informações até que tenha o suficiente para convencê-lo de que a mudança que você está considerando faz sentido. Mudanças de qualquer tipo são sempre difíceis, e muito foi escrito sobre o assunto. Chega uma hora em que todos que estão pensando em fazer uma mudança em suas carreiras precisam dar um salto da fé. A essa altura, é hora de agir.

Se você não der o próximo passo e mantiver a inércia, seu arquivo estará cheio do que poderia ter sido se você tivesse dado o próximo passo em vez de ficar parado e imaginando como teria sido se tivesse encontrado o emprego certo para você.

Capítulo 22
Criando um plano de ação

"Aquele que tem um "porquê" para viver pode suportar
quase todos os 'como'."
FRIEDRICH NIETZSCHE

Os próximos passos que você tem que dar serão exclusivamente seus. Os mais comuns de que ouvimos falar são:

- Falar com pessoas que seriam afetadas pela sua mudança de direção;
- Construir uma reserva financeira ou reduzir os gastos para que seja possível fazer uma mudança;
- Pesquisar sobre formação e qualificações;
- Organizar-se para passar a trabalhar em meio-período em sua função atual enquanto ganha experiência em sua nova área;
- Reescrever currículos conforme seus novos objetivos (ver Parte IV para orientação sobre como fazer isso de forma eficaz);

- Criar um calendário para uma carreira potencial — qual é o ponto de partida e quais são as perspectivas de promoção?

Uma das coisas mais difíceis é manter a dinâmica uma vez que você decidiu que quer assumir ativamente o controle de sua carreira. Você percorreu um longo caminho — não desista agora! Faça uma lista de todas as ações que precisa realizar agora e crie um cronograma de quando as realizará (Tabela 22.1).

Tabela 22.1

Tarefa	Como	Quando	Recompensa
Refazer meu currículo	Consultar a Parte IV do livro e depois pedir para que um amigo verifique se há erros	Fim do mês	Assistir a um novo filme que estrear
Entrar em contato com cem empresas	Pesquisar na internet e usar o LinkedIn para encontrar a pessoa certa a contatar	Nos próximos dois meses	

Colocamos uma recompensa porque é importante permanecer motivado e, para algumas pessoas, isso pode ajudar. Às vezes, o dia em que você vai começar a fazer o que sempre sonhou parece muito distante e você precisa se manter motivado enquanto trabalha para chegar lá.

Se você está tentando ter uma noção de quanto tempo vai precisar para se comprometer com isso, elaborar uma linha de tempo reversa pode ajudar. Isso vai ajudá-lo a se manter no caminho certo e, possivelmente, a mudar as suas expectativas quanto ao tempo necessário para alcançar as coisas (por exemplo: se tiver que estudar).

LINHA DO TEMPO REVERSA

Pegue um pedaço de papel em branco e o coloque deitado. Crie um fluxograma ao longo do meio da página. Escreva o seu objetivo em uma caixa na extremidade direita da página e estabeleça a data ideal para atingir esse objetivo. Em seguida, volte da direita para a esquerda considerando períodos de três meses, anotando o que você precisará ter alcançado até cada um daqueles pontos para completar seu objetivo. Continue trabalhando até listar todos os pontos de ação. Voltando, você chega ao momento atual? Se não, isso significa que, realisticamente, você precisará de mais tempo para alcançar a meta ou poderia encurtar os prazos intermediários?

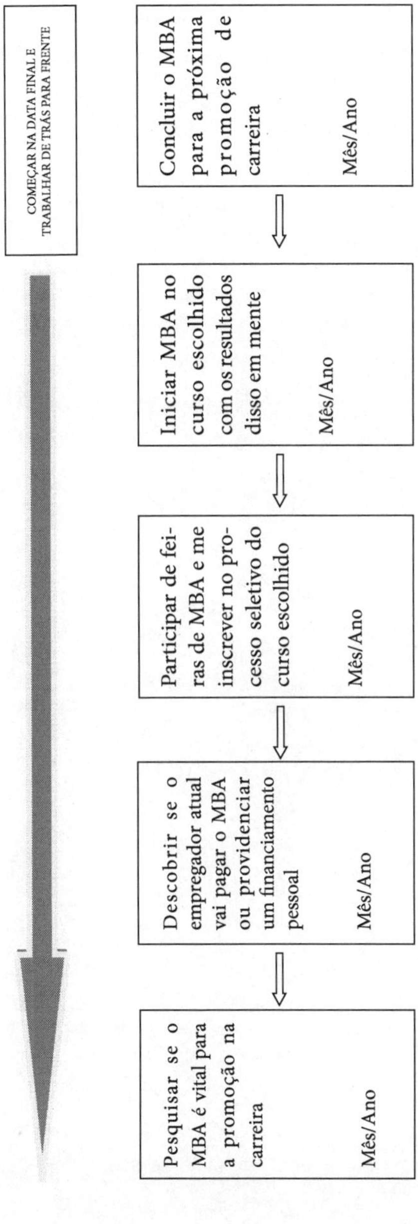

Figura 22.1 Exemplo de linha de tempo inversa

Quando você tiver decidido um objetivo, quer seja agendar uma viagem ou mudar de carreira, o próximo passo é planejar como você vai conseguir isso. Começar a trabalhar no seu objetivo é muito mais fácil se você sabe qual é o objetivo final.

Capítulo 23
Voltando a trabalhar

"Tenha sempre em mente que a sua própria resolução de
ter sucesso é mais importante do que qualquer outra."
ABRAHAM LINCOLN

Voltar ao trabalho — seja qual for a razão pela qual passou algum tempo fora — pode ser uma perspectiva assustadora. Nossa experiência de trabalhar com muitas pessoas nesta situação ao longo dos anos é que a percepção das questões que terão que encarar é muitas vezes o maior obstáculo que elas têm que ultrapassar. Quando nos sentamos e conversamos sobre todos os problemas que elas esperam enfrentar quando tentam encontrar um novo emprego, a lista pode parecer interminável ou intransponível. Prometemos que não são — só precisamos entender o que é percepção e o que é realidade e depois começar a descobrir como passar por cima de todas as questões. Você vai enfrentar dificuldades. Não tem como contornar isso, e não vale a pena fingir o contrário — mas, sabendo de antemão, você estará preparado. Vimos tantas pessoas lidarem com o que parecia ser uma probabilidade insuperável de encontrar um grande cargo para elas que temos fé de que você pode fazer o mesmo. O medo e a falta de confiança podem ser os maiores obstáculos para quem volta ao trabalho após uma pausa. Quer tenha tirado tempo da sua carreira para cuidar dos filhos, para continuar a estudar ou para tirar um período sabático e viajar, ou se foi despedido e ainda não encontrou outro emprego, a sensação de ter sido afastado do mundo corporativo e que ele seguiu em frente sem você, deixando também uma lacuna no seu currículo, pode impedir que muitas pessoas avancem com a sua pesquisa.

Os exercícios que propusemos até agora se aplicam a você também, independentemente da sua idade, educação ou circunstâncias pessoais. Você pode ter necessidades adicionais em termos do que procura na sua matriz — talvez precise de acesso para deficientes no edifício onde trabalha, talvez precise tirar férias em período escolar, talvez precise de flexibilidade no horário de trabalho. Quaisquer que sejam essas necessidades, pode levar mais tempo para encontrar o empregador para você, mas se você for um candidato atraente e bom, e um trabalhador dedicado e apaixonado pelo que está fazendo, acreditamos que será capaz de encontrar alguém que irá reconhecer seus talentos e trabalhar com você para atender às suas necessidades. Sugerimos fortemente que esse seja o seu ponto de partida.

OBSTÁCULOS PERCEBIDOS

Uma das maiores armadilhas que encontramos quando estamos trabalhando com pessoas que estão desempregadas há algum tempo (e, quando falamos de trabalho, estamos falando de mercado de trabalho, e não insinuando que qualquer coisa feita nesse meio tempo não foi trabalho!) é que elas atrapalham a si mesmas quando se trata de encontrar um emprego. Em vez de pararem e desenvolverem as competências que acrescentaram à sua lista, concentram-se nas competências que estão ultrapassadas. Nas entrevistas, muitas vezes passam tempo apontando que não trabalham há algum tempo em vez de destacar o que podem fazer pelo empregador e como suas habilidades combinam com as listadas nas especificações do trabalho.

É importante que você se concentre no que é positivo, ao mesmo tempo em que reconhece quaisquer preocupações potenciais de um futuro empregador. Se eles perguntarem por que você não trabalha há cinco anos, não fique na defensiva; dê uma resposta sucinta e clara que explique por que você esteve fora do local de trabalho e por que está agora tão interessado em retornar, e por essa função em particular. Se, por exemplo, perguntarem a você como lidará com seus filhos (esta pergunta não deve ser feita, mas muitas vezes nos deparamos com ela!), novamente seja sucinto e objetivo, dando garantias ao entrevistador de que você está no controle e que essa não será uma preocupação. A maioria dos entrevistadores está apenas tentando encontrar a melhor pessoa para o trabalho, e está esperando que você diga que essa pessoa é você.

REDES DE SUPORTE

Se você conhece várias pessoas na mesma situação que você, por que não criar uma rede de suporte? Trabalhamos recentemente com um grupo de mães que ficavam em casa e que estavam todas considerando como poderiam começar a ganhar algum dinheiro agora que os filhos tinham começado a estudar. Todas tinham necessidades diferentes em termos de quanto dinheiro queriam ganhar e quanto tempo podiam trabalhar, dependendo das condições de creche ou de onde deixar as crianças, mas os receios eram muito semelhantes: "Não trabalho há muito tempo, esqueci do que posso fazer", "Há gente mais nova do que eu que faz o que faço, por que alguém me contrataria?", "A tecnologia evoluiu muito desde a última vez em que pisei em um escritório" — você poderia provavelmente continuar com a lista você mesmo. Este grupo de mães em particular nos pediu ajuda para trabalhar com os exercícios, que todas completaram e, em seguida, mediamos uma reunião inicial certa manhã para dar a cada uma delas um ponto de partida com um plano de ação para pesquisa e exploração, com base em suas matrizes. Elas então continuaram a se reunir quinzenalmente, conversando entre as reuniões caso precisassem de ajuda, para manter a inércia. Três meses depois de iniciar o grupo, duas tinham decidido abrir um negócio em casa, uma havia se formado como assistente virtual para trabalhar de casa e outra estava tentando virar professora. Você consegue encontrar um grupo como este na sua região? Poderia começar um com pessoas que pensam da mesma maneira que você?

Capítulo 24
Aposentados e trabalhadores da terceira idade

"Não se arrependa de ter envelhecido. É um privilégio negado a muitos."
ANÔNIMO

Como somos uma população em processo de envelhecimento, mais pessoas estão considerando trabalhar além da idade oficial de aposentadoria. Esse livro funciona independentemente da sua idade e circunstância e nós o encorajamos, caso esteja na terceira idade, a olhar para todas as oportunidades e a considerar novos horizontes potenciais em vez de se apegar ao que sempre fez.

ETARISMO

Não há como fugir dele — nós ficamos velhos e infelizmente existirão algumas empresas ou clientes que o discriminarão por causa da idade, esteja você em ambas as extremidades da faixa; mas há muitos que verão a experiência como uma vantagem. Muitas vezes é uma questão de sorte encontrar aqueles que têm a cabeça aberta. Temos muitos exemplos de pessoas que encontraram trabalho mais tarde na vida, mas também vimos pessoas que, inconscientemente, detêm potenciais empregados.

- Se você acha que ser mais velho é um problema, considere o seguinte:
- Como você pode manter o espírito jovem? Embora não estejamos sugerindo que você deva, do nada, começar a se vestir segundo a última moda, roupas desatualizadas podem denunciar a sua idade. Peça ajuda a alguém cuja maneira de se vestir que você admira ou contrate os serviços de um consultor de moda;
- Como estão os seus níveis de energia? Você se ente entusiasmado e motivado? Seja honesto consigo mesmo. Fazer o trabalho que você gosta ajuda muito com isso e, portanto, é importante seguir os exercícios do livro;
- Como você pode jogar uma luz positiva em sua extensa experiência? Quais erros você já viu e, portanto, poderia ajudar outras pessoas a evitar? Quais soluções você poderia sugerir a partir da sua experiência?
- Mantenha-se atualizado em relação à tecnologia. Quer você goste ou não, a tecnologia chegou para ficar e, em muitos ambientes de trabalho hoje em dia, é importante que você a adote se quiser permanecer empregável. Há muitas maneiras diferentes de aprender sobre tecnologia, seja em faculdades locais de educação, online ou através de professores particulares, se você preferir;
- Confira qual é a sua própria atitude em relação ao envelhecimento. Você espera se deparar com algum questionamento sobre isso quando aborda alguém para pedir um trabalho? Presume que será excluído na fase da entrevista se for um pouco mais velho? Se for assim, lide com essas crenças limitantes antes de começar a procurar um novo emprego;
- A falta de experiência muitas vezes é um problema. Experiências de trabalho podem ser cruciais nesse quesito — e podem incluir o voluntariado, que é frequentemente a única forma de adquirir experiência em determinados domínios. Você pode

precisar ter um emprego que "paga as contas" e se encaixar em algum trabalho voluntário para obter experiência na área para a qual quer se mudar.

O processo é o mesmo se você tem dezesseis ou sessenta anos, e sabemos que esse processo funciona com clientes em ambos os extremos do espectro de idade.

Estudo de caso: Adrian Arnold

Meu pai tinha sido um revisor de contas muito bem-sucedido e, aos quinze anos, eu decidi seguir carreira em uma área completamente diferente para evitar qualquer comparação. Sempre fui fascinado por medicina, mas queria ser um pouco diferente, então escolhi a cirurgia veterinária como profissão. Depois de me formar pela Universidade de Cambridge, entrei na área de clínica geral tratando tanto animais domésticos quanto de grande porte. Em poucos anos percebi que meu verdadeiro amor era o tipo de cirurgia em que os pacientes melhoravam por causa do que eu fazia, e não aquele em que eles melhoravam apesar do que eu fazia. Decidi instalar minha clínica em Crawley, uma cidade em expansão que precisava de outra clínica veterinária. Em poucos anos, ela virou uma clínica com três pessoas especializadas em medicina de pequenos animais. À medida que foi crescendo, tornou-se mais rentável; mas, ao fim de doze anos, comecei a perder a relação pessoal que tinha com os meus clientes. A satisfação no trabalho começou a diminuir — por isso, depois de uma discussão familiar considerável, decidimos "levantar âncora" e começar uma nova prática em Colchester — uma parte do país que eu conhecera quando adolescente. Mantive meus serviços na clínica de Crawley enquanto começava a exercer a profissão na clínica de Colchester.

Os computadores estavam apenas começando a se tornar disponíveis para pequenas empresas na época, e comprei meu primeiro Apple para lidar com o lado financeiro do negócio e poder gastar mais do meu tempo praticando cirurgia veterinária. Em 1980, o software de computação adaptado para uso em práticas médicas e veterinárias se tornou mais amplamente disponível. Eu vi isso como uma boa oportunidade de reduzir a carga logística de escrever os históricos dos casos, detalhar finanças, oferecer orçamentos para trabalhos futuros e criar listas de discussão para boletins informativos e lembretes de vacinação. Tudo isso tornou a prática mais eficiente e rentável e me deu tempo para desenvolver meu interesse pela computação para meus próprios usos particulares. Infelizmente, em meados dos anos 1980, desenvolvi uma depressão que se tornou cada vez mais difícil de gerenciar. Também comecei a sentir que tinha havido uma mudança excessiva da "arte" da medicina veterinária para a "ciência" impessoal. Comecei a perder a satisfação pelo trabalho e decidi me aposentar precocemente aos cinquenta e sete anos.

Para onde ir a partir dali? Um dos prazeres da minha vida veterinária tinha sido a interação olho a olho com as pessoas. Eu não estava realmente interessado em como os computadores funcionavam, mas sim no que eles podiam fazer. Havia uma geração inteira de pais que se sentiam isolados pelas competências informáticas dos filhos. Fui autodidata no uso de computadores e tinha cometido todos os erros de um principiante — e mesmo alguns em que nem os especialistas tinham pensado! Pequenos anúncios em jornais locais logo levaram pais entusiasmados à minha porta, felizes em pagar pela matrícula do curso. Comecei a criar notas sobre os vários assuntos de informática que podia imprimir usando o próprio computador do aluno, deixando-os com uma cópia em papel que podiam consultar enquanto experimentavam suas novas habilidades. Eu estava ciente dos muitos manuais de informática existentes no mercado, mas a maioria havia sido escrita em "computês", com siglas inúteis. Havia mercado para uma apostila escrita em um inglês claro e humorístico que não se dirigisse ao leitor como um estudante de TI ou um idiota. Minha proposta de livro foi aceita pela John Wiley & Sons e o livro foi publicado em outubro de 2008. Até agora já vendeu mais de 7.500 cópias em todo o mundo com um pedido de tradução para lituano! Desde então, escrevi duas continuações. Tenho agora setenta e sete anos e trabalho ativamente na ideia para uma série de livros infantis baseados em histórias que inventei para os meus netos. Se eu oferecesse um conselho, seria que os problemas são apenas oportunidades disfarçadas — cordeiro em pele de lobo.

Capítulo 25
Carreiras portfólio

"A variedade é o tempero da vida, o que lhe dá todo o sabor."
WILLIAM COWPER

Ao longo dos últimos quinze anos, assistimos a um crescimento contínuo do campo do trabalho portfólio, que muitas vezes oferece às pessoas com quem trabalhamos a oportunidade de encontrar a combinação exata para elas. Ambas temos carreiras portfólio e não olhamos para trás desde que começamos esse tipo diferente de trabalho — embora, dito isso, nossas carreiras portfólio sejam muito diferentes umas das outras.

Uma carreira portfólio é aquela composta de uma série de trabalhos ou partes de trabalhos que funcionam simultaneamente em vez de se concentrar apenas em uma carreira movida progressivamente ao longo da hierarquia de sua profissão escolhida. Um trabalhador de portfólio é frequentemente um autônomo que oferece uma série de competências, ou então alguém que presta serviços em jornadas parciais para alguns empregadores diferentes. Para muitas pessoas, ter uma carreira portfólio é a forma de integrar na vida profissional os seus vários interesses ou uma solução prática que lhes permite seguir seu sonho. Ter uma carreira portfólio pode significar que em três dias por semana você faz um trabalho para pagar as contas e, nos outros dois, pode fazer um que paga menos, mas dá mais satisfação ou o ajuda a avançar na direção de seu objetivo de longo prazo. Pode ser uma ótima maneira de trabalhar em várias áreas diferentes e manter um senso de independência e variedade em relação à sua vida profissional.

Há muitas razões pelas quais as pessoas optam por uma carreira portfólio: podem estar à procura de um trabalho/vida melhor; podem querer ter maior variedade no que fazem, para explorar diferentes aspectos do seu conjunto de habilidades; podem querer evitar trabalhar para outra pessoa novamente em tempo integral — a lista é infinita. Tina, jornalista, tinha cinquenta e quatro anos de vida e trinta e cinco de experiência em jornais nacionais quando pediu demissão voluntária enquanto ainda tinha o entusiasmo e a energia para começar uma nova carreira.

Estudo de caso: Tina Moran

Olhando para os dezesseis meses que se passaram desde que abandonei a minha bem-sucedida carreira de jornalista, posso dizer honestamente que nada funcionou como planejado. Hoje vejo que isso é uma coisa boa, mas houve muitas vezes em que não enxerguei dessa forma. No início, tudo parecia muito simples: eu colocaria no banco o generoso valor de rescisão disponível depois de dezoito anos de serviço leal, tiraria alguns meses de férias bem merecidas e depois aceitaria outro emprego, possivelmente em outra publicação ou talvez como professora de jornalismo. O que eu não esperava era a enorme crise de confiança que se instalou depois de cerca de três meses, aliada ao fato de que não importava quantos almoços alegres tivesse com ex-colegas, eles simplesmente não tinham como me dar um emprego mágico. Não ajudava o fato de o meu casamento ter desmoronado um mês antes de eu deixar o meu emprego, e pouco depois o nosso filho mais novo ter ido para a universidade. Então, no dia 1° de janeiro do ano passado, encontrei-me sem trabalho, sem marido e sem filhos, a balbuciar sozinha em uma casa que costumava estar cheia de conversa e energia apenas alguns meses antes. Agora percebo que meu principal erro foi tentar estruturar meu futuro, estabelecer um rígido plano de ação. Isso era, de certa forma, compreensível; eu tinha trabalhado como funcionária em tempo integral desde os dezenove anos, então uma rotina rígida de trabalho/ vida familiar era tudo o que eu conhecia. Meu ingênuo plano inicial era o seguinte: em janeiro e fevereiro, organizaria a minha vida pessoal; entre março e abril, iria me candidatar a vagas de empregos; em maio, tiraria umas boas férias antes de mergulhar em um novo emprego ou carreira, possivelmente um em meio-período para me dar a flexibilidade de ver família e amigos.

Inevitavelmente, quando esse plano bobo começou a desmoronar cedo (eu nunca iria resolver minha vida pessoal em dois meses), comecei a entrar em pânico. Assim, em vez de enviar e-mails para empregos, fiquei paralisada com a dúvida, a insegurança e o medo. Eu não estava perguntando sobre propostas, nem mesmo para bons contatos, porque eu não conseguia encarar a rejeição e não conseguia ver nenhuma razão pela qual alguém iria querer me empregar. Foi quando percebi que não podia fazer aquilo sozinha e precisava construir um time de apoio — e rápido. Para mim, isso significava gastar dinheiro em ajuda profissional — coach de carreira, conselheiro de relacionamentos — e me reconectar com amigos que mal tinha visto enquanto trabalhava em jornadas loucas em jornais nacionais.

Meu coach de carreira me convenceu de que eu tinha muitas habilidades transferíveis que simplesmente não tinha reconhecido, meu conselheiro de relacionamentos me ensinou a respirar fundo e curtir o momento (o tipo de bobagem *new age* que, como uma jornalista cínica, eu costumava ridicularizar) e meus amigos me ajudaram a me divertir. Fiz uma organização financeira das diligências e fiquei aliviada ao descobrir que não precisava ganhar nem perto do que ganhava antes. Gastei meu fundo de requalificação (disponível como parte do pacote de rescisão) em cursos gerais (construção de páginas da web, PowerPoint, Photoshop) e comecei a aceitar qualquer trabalho potencialmente interessante que vinha ao meu encontro. Garanti um dia por semana em um departamento de mídia universitária fazendo basicamente um trabalho de administração, mas isso progrediu para uma posição de professora em tempo parcial no período seguinte. Às vezes, me sentia como uma estagiária, mas foi desafiador e gratificante começar do zero novamente. E pisar fora da minha zona de conforto me manteve atenta. Decidi alugar os quartos dos meus filhos no Airbnb durante o período letivo, o que tem sido muito divertido e agora a casa raramente está vazia. E, nos fins de semana e à noite, trabalho como auxiliar de cozinha em uma escola de culinária perto de casa — o que é ótimo para exercer o trabalho em equipe e delicioso por causa da comida grátis! Ofertas de funções de ensino estão chegando, vindas de várias faculdades e centros de formação, oferecer hospedagem pelo Airbnb é uma diversão lucrativa e sociável, estou escrevendo novamente e me ofereceram uma vaga de professora na escola de culinária. Então, inesperadamente, me encontro com uma carreira portfólio, o que é muito emocionante e ajudou a restaurar minha confiança. Aprendi que se você mantiver a coragem, aguentar a inevitável crise de confiança e então gradualmente começar a se reconstruir à sua própria maneira, pode moldar um futuro interessante, sem amarras. Posso dizer honestamente que nunca fui tão feliz.

UMA CARREIRA PORTFÓLIO SERVE PARA VOCÊ?

A ideia de uma carreira portfólio pode ser muito atraente, mas há várias coisas que você deve ter em mente se estiver pensando nela como uma opção:

- Pode ser importante que você mantenha uma direção estratégica para a sua carreira — olhe para o seu portfólio como um todo unificado com uma direção e progressão, em vez de uma coleção de empregos que pagam o aluguel;
- Que atividades vão compor o seu portfólio? Elas são opções viáveis para fazer dinheiro ou alguma parte será sobre a busca de uma área de interesse?
- Você tem tempo para se dedicar a cada uma das áreas do seu portfólio?

- Calcule as despesas da sua família. É realmente importante não subestimar a quantidade de dinheiro de que você precisa, pois isso irá impactar fortemente na mistura de portfólio em que você está mirando de modo que você veja se é realista ou não;
- De que estudo você vai precisar? Será da sua responsabilidade se certificar de que as suas competências estão atualizadas;
- Você fica feliz em trabalhar sozinho? Muitas vezes, ter uma carreira portfólio significa trabalhar por conta própria por longos períodos de tempo, e muitas pessoas acham que isso não se adequa ao seu tipo de personalidade;
- Como você vai encontrar trabalho? Alguns empregadores não se sentem confortáveis em empregar trabalhadores de meio-período — você tem um argumento convincente para trabalhar em meio-período? Se você vai ser um consultor freelancer ou ter seu próprio negócio, tem as habilidades para se promover? Em caso de dúvida, calcule como você venderia cem reais em produtos ou serviços — se você tem problemas de saber como conseguiria essa quantia de dinheiro, como vai criar um fluxo de renda sólido?
- Você se sente confortável com a incerteza? Um dos benefícios de um trabalho integral é que muitas vezes você tem a sensação de segurança na sua função (embora muitos de vocês que leem isso possam ter descoberto da pior maneira que há muito pouca segurança no trabalho em tempo integral, caso tenham sido demitidos). Constantemente, encontrar tempo para se vender e entregar o trabalho que faz pode ser difícil, e encontrar um equilíbrio entre os dois é vital;
- De que "proteção" adicional você vai precisar? A maioria das empresas fornece benefícios para os empregados; se você assumir uma carreira portfólio, terá que considerar se vai fornecer estes benefícios para si mesmo — por exemplo, seguro contra doenças graves, seguro de morte ou plano de saúde privado;
- Você é organizado? Se isso lhe é algo fácil, você é muito sortudo. Se está mais para um desafio — pense nas exigências

de pagar contas, cobrar clientes, manter os seus seguros atualizados, entregar aos clientes dentro do prazo etc. —, então as habilidades organizacionais são algo que você pode querer controlar desde cedo;

- Você tem uma boa rede de suporte? Ao começar, você pode se sentir nervoso e, às vezes, isolado. Ter a família e os amigos ao seu redor para ajudá-lo a manter o seu ímpeto pode ser a diferença entre o sucesso e um retorno ao antigo emprego;
- Você está pronto para se tornar um especialista em networking? Mais uma vez, virá a calhar a capacidade de pesquisar e conhecer indivíduos que pensam igual a você e que também estão buscando uma carreira portfólio para pedir aconselhamento e orientação. Consulte a seção sobre networking para saber como desenvolver oportunidades de negócios dentro de sua comunidade e através dos contatos que você já possui.

Se você está determinado, vai encontrar uma maneira de criar uma carreira portfólio. Para alguns, isso pode significar assumir um emprego de meio-período que pague as despesas básicas e então ter um dia por semana para aceitar trabalhos vindos dos contatos que você conseguiu (amigos e familiares que podem indicar pessoas para você).

A parte mais difícil é começar e se estabelecer. Se você é bom no que faz e profissional na forma como aborda o trabalho, começará a construir uma boa reputação e a reunir referências. No entanto, descobrimos que a maioria das pessoas que seguem esta rota têm de que aprender a se promover. Se você decidir que essa é a opção para você, continue trabalhando até encontrar um equilíbrio de atividades que funcione. Você pode dar algumas voltas no lugar, por caminhos que não funcionem, mas se tiver um bom equilíbrio em seu portfólio, pode se reajustar até encontrar uma rota eficaz.

Jane criou um negócio de produtos *ecofriendly* dez anos atrás, mas ainda precisava trabalhar em seu negócio de coaching de carreira para ganhar dinheiro para pagar o aluguel. Ela descobriu que enviar os produtos pelo correio tomava a maior parte do seu tempo, e ficar em uma banca nos fins de semana vendendo seus produtos em feiras e shows ocupava demais o tempo que podia ter com a família. No final, depois de muita consideração, ela fechou a empresa, pois não estava fazendo dinheiro suficiente para justificar a enorme quantidade de tempo que destinava a ele. Ela agora combina seu interesse pelo meio ambiente com carreiras, com um de seus webinars focados em como desenvolver uma carreira em sustentabilidade.

Ao longo dos anos, temos nos deparado com muitas permutações de carreira de portfólio que têm funcionado bem para aqueles que os empreenderam — talvez algumas de histórias lhe dê alguma inspiração:

- Jim trabalha quatro dias como dentista em um consultório particular, o que lhe permite tirar um dia de folga durante a semana para fazer caminhadas, andar de bicicleta ou escalar nas Terras altas;
- Jane fez um contrato de três dias por semana com um sindicato para criar um serviço de coaching de carreira para seus membros, deixando os outros dois dias livres para gerenciar sua própria empresa e encontrar outros clientes;
- Um casal trabalha em contratos de curta duração (seu trabalho mais recente foi em uma atração de Natal) e em uma estação de esqui no Canadá pelo resto do tempo;
- Tony trabalha como consultor de gestão durante nove meses do ano e depois tira três meses de folga para perseguir um novo interesse. Esses interesses já incluíram escrever um livro, andar de bicicleta pela Europa e aprender a esquiar;
- Chris trabalha como coach executivo e também tem um estábulo que dirige com seu sócio;
- Jane trabalha como contadora em meio-período e está estudando de novo para ser fisioterapeuta;
- Cora é atriz e também tem um negócio de treino de executivos em habilidades de apresentação e comunicação;
- Tim escreve livros sobre desenvolvimento pessoal, assessora

grandes corporações sobre políticas de RH (ele tem experiência em RH estratégico em serviços financeiros) e dá palestras.

Estudo de caso: Kate Clifford

Me interesso por viagens e trabalho no terceiro setor desde a época da escola, por isso fiz trabalho voluntário na África do Sul antes e depois da universidade. Na escola, eu também estava interessada em me especializar em algo que considerava uma carreira prática, então escolhi estudar engenharia. Depois de me formar e de trabalhar dois anos com voluntariado, embora ainda estivesse interessada em questões sociais e trabalhando internacionalmente, me deram o conselho de que obter alguma experiência profissional sólida em engenharia valeria a pena e me daria flexibilidade no futuro. Eu realmente gostava de trabalhar e morar em Londres como engenheira estrutural aos vinte anos, e certamente aprendi muitas coisas práticas e transferíveis, mas nunca fiquei totalmente satisfeita. Completar um mestrado em tempo parcial me ajudou a obter uma qualificação profissional mais ampla em desenvolvimento urbano, com foco em países em desenvolvimento, e eu estava determinada a mudar minha carreira nessa direção.

A minha primeira escolha foi mudar gradualmente — por isso, enquanto permanecia no Reino Unido, procurei trabalho de consultoria em desenvolvimento urbano, construindo gradualmente meu currículo enquanto procurava oportunidades internacionais. Comecei por este caminho e a minha primeira abertura foi quando meu empregador atual passou a procurar oportunidades de negócios para a empresa em países em desenvolvimento, aliado ao fato de que ganhei alguma experiência com colegas em design urbano e também com planejamento e parcerias com autoridades locais. No entanto, em apenas alguns meses percebi que não estava progredindo ou entrando no cerne do trabalho que realmente me interessava. Àquela altura, eu realmente queria me ramificar mais profissionalmente e me testar em diferentes tipos de funções e ambientes, mas não via um caminho ou empregador óbvios. Com a ajuda de Camilla, anotei outro objetivo de longo prazo: trabalhar por conta própria, pela liberdade que isso podia me oferecer. Então o grande passo para mim foi mergulhar de cabeça na rotina de freelancer. Eu tinha um plano, mas não muito detalhado ou extenso. Acho que o mais importante da mudança foi me abrir às oportunidades.

O conselho mais importante que recebi foi o de ter um plano e de me dar alguma estrutura, mas considerar os méritos de qualquer oportunidade e estar pronta para jogar o plano pela janela! Eu fiz isso e, mesmo tendo escrito apenas uma dissertação em minha própria educação focada em matemática/engenharia/design, encontrei-me inesperadamente escrevendo um guia para o governo local e gerenciando pesquisas de estudo de caso sobre cidades ao redor do mundo. Foi extremamente revigorante, e reconhecer e abraçar isso como uma mudança maciça significou que eu havia resistido a me ater demais a pensar se aquele era o passo "certo" na carreira ou se eu tinha as credenciais necessárias. Também abriu um mundo de novos contatos que levaram a vários contratos de trabalho humanitário com a ONU no Afeganistão, no Sudão e na Indonésia — algumas experiências incríveis.

A lição que sinto que me serviu melhor desde que virei freelancer foi perceber que o que contava tanto ou mais do que minha experiência técnica era meu caráter e meus relacionamentos, minha atitude para abordar novas tarefas e funções e acreditar que havia pouco a perder em tentar! Essa lição vai muito além da minha mudança de carreira; conheci o meu parceiro no Afeganistão e atualmente vivemos na Costa Rica, gerenciando os nossos próprios negócios. Com base nas minhas experiências, também estou começando a treinar aqueles que trabalham no desenvolvimento internacional e no terceiro setor. A experiência de mudança de carreira e a compreensão de como e por que tomei minhas decisões foram a base para a vida diversificada que criei para mim mesma agora, que combina muito comigo.

Capítulo 26
Abrindo o seu próprio negócio

"Você nunca vai fazer nada neste mundo sem coragem.
É a maior qualidade da mente ao lado da honra."
ARISTÓTELES

Talvez ter uma carreira portfólio pareça muito indiscriminado e sem uma direção clara — mas, se você se sente atraído por algumas das ideias discutidas acima, talvez ter seu próprio negócio com um foco claro para obter renda funcionaria melhor para você. É crucial que você faça sua pesquisa ao estabelecer um negócio e elaborar seu plano geral. É importante definir o que o sucesso significa para você e para onde está indo, pois isso também o ajudará a decidir que tipo de negócio e que estrutura ele deve ter. As coisas que podem ser tão importantes para determinar sua felicidade em uma carreira também podem afetar a abertura da sua empresa. Isso pode ser um negócio solitário e arriscado. As recompensas podem ser ótimas, mas você precisa entender se elas vão lhe agradar. Rever a sua carreira também pode significar que você tem clareza sobre quais são as suas prioridades — e elas podem mudar, afetando quando, e se, você procura financiamento.

> A maior prioridade de Jane é ter controle de seu tempo, e isso significa que ela nunca procurou financiamento ativamente, porque sempre sentiu que isso a colocaria sob muita pressão para entregar resultados financeiros por parte dos investidores. A desvantagem disso é que talvez o negócio não tenha conseguido crescer tanto quanto poderia, mas essa era uma certeza para ela naquele momento da vida, em que tinha um filho pequeno. No entanto, agora que seu filho está mais velho, ela está reconsiderando junto ao cofundador da empresa como fazê-la crescer, uma vez que querem alcançar mais pessoas.

Completar a Parte II e fazer a pesquisa que ela propõe pode incentivá-lo a considerar se deve abrir um negócio, agora ou no futuro. Talvez, você já esteja cansado de trabalhar para outra pessoa, ou tenha uma ideia de negócio convincente que acha que se sustentaria sozinho e quer perseguir. Se, como parte da sua consideração do que fazer em seguida, possuir um negócio próprio é uma possibilidade, vale a pena explorar se isso funcionaria para você, como no caso de qualquer possível nova rota.

EXPLORANDO OPÇÕES

Ao completar o processo descrito na Parte II, você subentenderá o que é importante para você e o que tem a oferecer. Isto irá ajudá-lo a descobrir qual equipe você deve ter ao seu redor, pois pode haver lacunas em seu conjunto de competências. Uma pesquisa adicional irá ajudá-lo a compreender os prós e contras, para ver o que precisa fazer para decidir se começar o seu próprio negócio é o passo certo para você. Algumas pessoas decidem que, a longo prazo, faz sentido abrir uma empresa, o que afeta as decisões que tomam a curto prazo. Dito isto, a abertura de uma empresa não tem que ser uma abordagem de "tudo ou nada", e vale a pena considerar o seguinte:

- Você poderia abordar seu empregador atual sobre a criação de uma nova área de negócios? Isso pode dar a você a segurança de um salário regular enquanto parte em uma nova direção. Seu empregador pode até acabar sendo o seu maior cliente, inicialmente;

- Você pode ganhar treinamento ou experiência em uma nova área em seu trabalho atual, propondo-se a participar de novos projetos ou lançando novas oportunidades para o negócio?
- Você pode querer configurar o seu negócio para trabalhar meio-período ou assumir um contrato inicial para ver se a sua ideia se sustenta enquanto continua a ganhando dinheiro para pagar as contas;
- Seu parceiro pode ser capaz de apoiá-lo enquanto você abre o negócio — uma abordagem de "carregar nas costas".

Às vezes, a única opção é mergulhar de cabeça e abrir um negócio. Descobrimos que isso parece demorar sempre mais do que se pensa, especialmente se você estiver habituado a receber um salário regular; pode ser uma surpresa desagradável descobrir que nem todos pagam no prazo! Portanto, certifique-se de ter alguma reserva financeira para passar pelos estágios iniciais de abertura de um negócio e um bom relacionamento com o banco para esses períodos de empréstimos inevitáveis.

Estudo de caso: Patrick Dudley Williams

"Vá para a sala 10A" era o bilhete na tela do meu computador. Dez minutos depois, o único trabalho que havia tido desde a universidade já era. Era o fim de treze anos de despertador tocando às 5h30 da manhã; desligaram meu computador, me escoltaram para fora. Dois dias depois daquela bomba, minha esposa teve gêmeos. Tínhamos uma criança, dois recém-nascidos, um novo financiamento para pagar e um problema gigante. Era novembro de 2012. "Não se preocupe", disse, "vou abrir uma empresa de gravatas". A minha esposa deve ter pensado que deveria acrescentar "colapso do meu marido" à lista dos nossos problemas. Apesar de não ter experiência no campo, decidi abandonar a vida corporativa e abrir uma empresa que fosse também o meu emprego dos sonhos. A ideia era fazer gravatas de seda que lembrassem as pessoas da vida que têm fora do terno, em vez de serem um símbolo da grande máquina corporativa. O bônus era que eu próprio conseguiria escapar desse sistema. Não sei como minha família concordou com esta ideia ridícula, mas só me passa pela cabeça que eles deviam ver que eu precisava de alguma coisa. Não sabia absolutamente nada sobre gravatas de seda. Só sabia que elas eram, talvez, as mais chatas de todos os produtos de vestuário, e isso significava que já era hora de alguém torná-las interessantes novamente. Muitas vezes ouvi dizer que Sir Richard Branson via a gravata como um símbolo de escravidão e conformidade corporativa. Enxerguei aquilo como uma oportunidade de mostrar às pessoas que há uma pessoa por trás do terno. Então, segui o processo para abrir uma pequena empresa, chamada ReefKnots. Eu não tinha praticamente nenhum dinheiro, então aprendi tudo a partir de uma combinação de vídeos do YouTube, senso comum e grandes conselhos. Eu planejei tudo, desde as nossas estampas até as embalagens, e até tirei as fotos dos produtos para colocar no nosso site. Terceirizei trabalhos realmente especializados, mas a maioria das coisas eu mesmo fiz em uma pequena mesa instalada à beira da nossa cama. Muitas vezes com dois recém-nascidos berrando no meu colo. Dias únicos.

Em agosto de 2013, lançamos o nosso site e deixamos rolar.

Desde que a ReefKnots abriu as suas portas, fizemos as seguintes coisas (entre muitas outras):

1. Mais importante de tudo: vendemos muitos milhares de gravatas para aqueles clientes maravilhosos que se arriscaram com a gente! Devo muito a cada um deles;

2. Abrimos a nossa primeira loja Knots & Socks na cidade de Londres, no histórico Leadenhall Market. Conseguimos financiar o projeto de modo colaborativo vendendo com antecedência créditos para a loja e produtos;

3. Consegui que o nosso produto principal fosse feito à mão, na Inglaterra (ao contrário da grande maioria dos nossos concorrentes);

4. Tivemos as nossas gravatas usadas por todo o tipo de gente, de líderes da indústria a políticos e celebridades. Conseguimos inclusive mudar a opinião de Sir Richard Branson e colocar nele uma gravata da ReefKnots!

5. Nos tornamos um parceiro corporativo oficial da instituição de caridade Blue Marine Foundation, produzindo uma edição especial de gravata para destacar a crise nos nossos oceanos. Sentimos que era importante retribuir ao lugar que nos inspirou;

6. Temos aparecido em jornais e na televisão. Ironicamente, até já estive na CNBC, apesar de nunca ter feito isso enquanto trabalhava com finanças!

7. Crescemos quase que exclusivamente através do boca-a-boca e das redes sociais (o efeito "bela gravata!");

8. Agora, vendemos em lojas e sites em todo o país, com um negócio por atacado crescente;

9. Fomos incluídos na lista das cem melhores startups do Reino Unido;

10. Nos ramificamos em uma gama de novos produtos, incluindo o lançamento de nossa primeira linha de calções de banho no início de 2016.

Faz três anos que abrimos e agora estou começando a conseguir respirar depois de uma jornada que foi muito mais gratificante, mas muito mais difícil do que eu havia previsto.

DICAS PRINCIPAIS

Jane montou seu primeiro negócio há mais de quinze anos e já trabalhou com vários clientes que decidiram seguir uma rota semelhante. Abaixo estão listados alguns de seus principais pontos de aprendizagem:

- Terceirize aquilo em que você não é bom, o mais rapidamente possível, deixando espaço para se concentrar no valor que traz à empresa;

- Em um raciocínio semelhante, reconheça quais habilidades você precisa procurar em quem recrutar; uma armadilha comum é recrutar pessoas como você, com habilidades semelhantes;
- Decida sobre a estratégia de longo prazo do negócio — é mais fácil falar do que de fazer, especialmente se tiver parceiros com objetivos diferentes ou se estes objetivos mudarem devido a circunstâncias pessoais. Revise isso regularmente;
- A criação de uma empresa pode envolver tanto sacrifícios pessoais quanto recompensas, só você sabe se vale a pena. Reveja regularmente o exercício de valores da Parte II;
- Muitas vezes você pode estar tão ocupado fazendo o trabalho braçal que não tem tempo de olhar para a frente e pensar sobre para onde o negócio está indo — coloque tempo na sua rotina diária para fazer isso;
- Considere se o seu negócio é escalável e se é isso que quer. Você precisa de um plano B?
- De que financiamento você precisa? Quem vai abordar para isso? O que essas pessoas ganham com isso?
- Considere se sua própria personalidade e é adequada para o mundo do emprego autônomo/ negócio próprio — você é persistente o suficiente? Está feliz em trabalhar por conta própria inicialmente? Se sente motivado?
- Ao estabelecer um negócio ou trazer alguém para ele, faça um acordo legal justo. Certifique-se de que ele dê cobertura caso discordem, ou caso as circunstâncias mudem e trabalhar em conjunto já não seja mais uma opção.

Aconselhamento gratuito é frequentemente disponibilizado por bancos, e um aconselhamento mais imparcial é fornecido pelas organizações empresariais governamentais, uma vez que a maioria dos governos está empenhada em incentivar o empreendedorismo — especialmente quando ele cria postos de trabalho.

Há uma série de livros escritos sobre a abertura de uma empresa, e sugerimos que você faça o máximo de pesquisa possível antes de decidir se isso é para você. Outra coisa que pode ser útil é considerar quem são os seus modelos e depois ler as biografias das pessoas que estiveram no mesmo lugar que você e fizeram a mesma coisa.

Quer ser um inventor? Leia as biografias de inventores famosos como James Dyson. Quer montar um negócio de sapatos? Leia a biografia de Tamara Mellon, cofundadora da Jimmy Choo. Você entendeu! A menos que esteja pensando em fazer algo realmente diferente, na maioria das vezes há livros por aí que lhe darão insights sobre o tipo de negócio que você quer abrir. Espero que estas pessoas lhe inspirem.

O IMPACTO DA TECNOLOGIA NOS EMPRESÁRIOS

Abrir um negócio nunca foi tão barato. A tecnologia teve um grande impacto em muitos empresários, permitindo-lhes gerenciar seus negócios de qualquer lugar. A invenção de novas ferramentas como o WordPress tornou muito mais fácil criar um site. Os aplicativos que ficam na nuvem tornam os servidores caros menos necessários, e os serviços de telecomunicação gratuitos como o Skype permitem comunicações de baixo custo. Além disso, o acesso a sistemas sofisticados de gestão de e-mail e de relacionamento com o cliente a preços acessíveis permite um nível de sofisticação que antes só era possível com um grande orçamento. A tecnologia permitiu a ascensão do nômade digital. Se você quer e é capaz de ter um estilo de vida flexível, então a tecnologia está aí para apoiá-lo. Pioneiros neste campo, como Natalie Sisson e Marianne Cantwell (ver a seção de referências e recursos) escreveram livros repletos de informações e estudos de caso de pessoas que estão buscando um estilo de vida independente do local onde estão e usando a tecnologia para permitir isso. Os sites surgiram permitindo que os freelancers tenham acesso a um mercado mundial para suas habilidades. Os empresários podem trabalhar com uma equipe virtual para fazer o seu negócio mais produtivo e, muitas vezes, reduzir os custos com pessoal, pagando por competências quando a empresa precisa delas em vez de tê-las na folha de pagamento. As ferramentas de mídia social têm revolucionado a forma como os empreendedores podem alcançar potenciais clientes em continentes completamente diferentes.

A AAKS produz sacos de ráfia artesanais em Gana e sua fundadora, Akosua Afriyie-Kumi, usou as mídias sociais para fazer sua marca crescer e se conectar com lojas de varejo que agora estocam os sacos, incluindo a Anthropologie e a Urban Outfitters.

Naturalmente, um dos maiores desafios hoje é ser ouvido em meio ao barulho das mídias sociais e construir sua reputação, especialmente para uma empresa que lida direto com o cliente final. Olhe novamente para aqueles que fizeram isso e estão em uma posição semelhante a você — por exemplo, pessoas que não tenham um orçamento maciço se você não tem um. Felizmente, mais uma vez, nunca foi tão fácil alcançar e se conectar com modelos. A ascensão dos podcasts tem facilitado a aprendizagem online em qualquer lugar e no próprio ritmo do usuário. Do ponto de vista do tempo e do dinheiro, o acesso à aprendizagem e aos potenciais mentores está mais simples do que nunca. Também pode ser útil conseguir aconselhamento sobre onde seus modelos aprendem. Jane passou grande parte de 2015 entrevistando muitos empreendedores voltados para missões e, embora não estejam na mesma escala de nomes familiares como Sir Richard Branson, eles são provavelmente mais representativos da grande maioria dos empreendedores. Você pode ouvir mais histórias de empresários e dicas de carreira no podcast da Career Farm, o *Grow your own career [Cultive sua própria carreira]*.

FINANCIAMENTO

Existem mais formas do que nunca de obter financiamento. O financiamento coletivo, por exemplo, abriu uma abordagem totalmente nova, com o benefício adicional de construir uma ligação mais estreita com os seus clientes — ou, como diria Seth Godin, com a sua "tribo". Quando estiver decidido em investir em uma empresa, é mais provável que seu público já formado se interesse mais pelo que está fazendo e que esteja mais aberto a um maior envolvimento — como, por exemplo, comprar novos ou mais produtos.

É crucial escolher o tipo certo de plataforma, então você precisará prestar atenção em como vai estruturar sua oferta, o tipo de campanha em que a plataforma é especializada, quais restrições ela tem e que tipo de usuários ela atrai. Existem diferentes tipos de plataformas de financiamento coletivo e, para um negócio, as opções principais são dar capital próprio (compartilhando a sua propriedade) e/ou dar recompensas, ambas em troca de dinheiro. As duas têm prós e contras, por isso é importante considerar cuidadosamente o será melhor para você e seu negócio. Novamente, construir sua base de seguidores é crucial, pois há um número limitado de amigos e familiares que podem apoiá-lo!

Estudo de caso: Guy Jeremiah

Eu criei o buy.ohyo.me para fazer garrafas plásticas dobráveis reutilizáveis e resolver os problemas ambientais associados às garrafas descartáveis. Depois de vender com sucesso o meu primeiro negócio (uma consultoria ambiental), criei a Ohyo. Costumo comparar o empreendedorismo ao jogo indiano de cobras e escadas, onde as escadas ajudam a subir e as cobras derrubam o jogador — uma cobra memorável foi quando eu fui massacrado no programa *Dragon's Den*. No entanto, o passo seguinte foi definitivamente uma escada, onde vendemos mais de setecentas mil garrafas aos principais varejistas do Reino Unido. Usei duas rotas menos comuns para financiar o negócio. Em vez de seguir a tradicional, de pedir financiamento aos bancos ou atrair investimentos típicos em ações, juntei uma equipe formada por um advogado corporativo, um designer gráfico, redatores, programadores etc., e depois lhes dei ações em troca de suas habilidades, retendo 60% para mim mesmo. Então, quando desenvolvi um novo produto, uma sacola dobrável em conjunto com Felix Conran, usei o financiamento coletivo para garantir a compra da sacola por duzentas pessoas antes mesmo de começarmos a fabricá-la. Ambas as rotas me permitiram ter mais flexibilidade e controle sobre a direção empresarial.

Se você está considerando a possibilidade de ser autônomo ou proprietário de uma empresa, é importante salientar que essa não é a opção mais fácil. No fim das contas, não há garantias de que sua ideia de negócio vai funcionar, mas se você pensar nele de um modo focado e pesquisar, estará à frente da maioria das pessoas que abrem empresas, o que o dará mais chances de sucesso.

Capítulo 27
Como escolher um coach de carreira

"Se o impulso de ousar e ser bravo for forte e violento, mantenha-se orientado e instruído."

XUN ZI

COACHING DE CARREIRA

Mesmo tendo a melhor das intenções enquanto trabalha neste livro, você pode achar que vai ser difícil, perder a inércia ou achar que sua equipe de apoio botou você para escanteio. Sabemos que, embora seja possível encontrar seu caminho usando o livro para obter as respostas que está procurando, às vezes pode ser útil ter alguém experiente para lhe dar orientação, conselhos e renovar o seu entusiasmo. Nessa altura, vale considerar procurar um coach de carreira. Haverá milhares e milhares de coaches na sua região, e muitos dirão que fazem coaching de carreira. Esperamos que essa seção o ajude a separar o joio do trigo, decidir com que tipo de pessoa você quer trabalhar e fazer com que o processo de coaching funcione bem para você.

Coaching é definitivamente um investimento. O quão bom um coach é tem a ver com você e com suas necessidades específicas — mesmo que cada um tenha um processo, se você e um amigo estiverem passando por coaching com alguém bom, vocês terão experiências muito diferentes, uma vez que o coaching aborda o que você precisa em vez de um conjunto genérico de regras que são seguidas sob qualquer circunstância. Para que o coaching seja o mais eficaz possível, existem dois componentes que são vitais: a habilidade do coach e o compromisso total da pessoa que o contratou. Se não estiver totalmente comprometido, reserve algum tempo para descobrir o porquê, e o que pode fazer para superar isso. Não comece o coaching até estar totalmente pronto.

COMO ESCOLHER O COACH DE CARREIRA CERTO PARA VOCÊ

Depois de decidir que gostaria de explorar o coaching de carreira como uma opção, vale a pena perguntar às pessoas do seu network se alguém tem trabalhado com sucesso com algum profissional, ou conhece alguém que tem. Se não, pode entrar em contato com alguma organização de coaching.

Antes de começar, vale a pena fazer algumas perguntas a si mesmo para ajudá-lo a restringir o tipo de pessoa que você está procurando:

- Por que está interessado em coaching de carreira nesse momento? Por exemplo: você está sem motivação, está tendo dificuldades para resolver o próximo passo, algumas de suas crenças limitantes estão atrapalhando?
- O que é importante para você na hora de encontrar um treinador de carreira? Por exemplo: experiência, qualificações, recomendação, compatibilidade de personalidades?
- O que o convenceria a trabalhar com alguém?
- O que o convenceria a não trabalhar com alguém?
- Com que tipo de personalidade você trabalha bem? Por exemplo: pessoas desafiadoras, que dão suporte, delicadas, vigorosas, diretas ao ponto, carinhosas, que passam segurança ou uma combinação delas?

- Como você pode sabotar o relacionamento com o coaching, mas está disposto a dar permissão ao coach para lhe dar uma bronca? Por exemplo: não completar as tarefas no prazo, procrastinar etc.;
- Quanto você está disposto a investir no processo de coaching em termos financeiros (ou seja, quanto você pode pagar por sessão)?
- Você está fazendo isso por vontade própria ou alguém está subornando, persuadindo ou encorajando fortemente você a fazer isso, e você sente alguma reticência? Se for esse último caso, é improvável que você obtenha o que quer do processo de coaching.

Nós sempre aconselhamos que você fale com pelo menos dois coaches, mesmo que alguém tenha sido altamente recomendado, para que você possa ter uma ideia das diferentes abordagens que eles usam e quem seria melhor para trabalhar com você. Não conseguimos pensar em nenhum coach que não concordaria com essa conversa inicial livre para discutir por que você está procurando por coaching, quem é você e para entrar em alguns detalhes sobre como eles funcionam.

Se você for a uma empresa de coaching, certifique-se de que essa conversa introdutória seja feita com a pessoa que será seu coach, não alguém do departamento de vendas da empresa. Se eles hesitarem em permitir essa conversa, passe para a próxima!

Depois de ter encontrado alguns nomes para contatar, planeje uma conversa introdutória. É útil se você puder dizer antecipadamente a eles no que gostaria de focar e um pouco sobre você — as áreas podem incluir:

- Uma visão geral de sua história para que o coach possa ter uma noção de você e de como você descreve a si mesmo e o seu passado;
- Áreas nas quais você gostaria de se concentrar particularmente com o coaching — o que o bloqueia? Que comportamentos ou crenças estão atrapalhando o seu caminho?
- Como saberá se o coaching está sendo bem-sucedido?

- O que você sabe sobre coaching — você já passou pelo processo antes? Se sim, o que funcionou bem para você e o que não funcionou tão bem?

Durante a conversa, há muitas coisas para pensar que podem ajudá-lo a decidir com quem trabalhar:

- Depois de decidir o que é importante para você em relação ao coach com quem vai trabalhar, certifique-se de cobrir todas essas áreas durante a reunião;
- Os coaches terão estilos/abordagens diferentes, de modo que estas reuniões introdutórias são uma oportunidade para você ver qual deles funcionará melhor para você;
- Faça tantas perguntas quanto possível — essa é a sua oportunidade — para descobrir como os coaches trabalham e se você acha que isso vai funcionar para você;
- Sugerimos fortemente que escolha o coach que considera ser o mais bem equipado para abordar a questão que o fez procurar coaching. Essa pode não ser necessariamente a pessoa que você mais gostou ou com quem se sentiu mais confortável, embora isso não deva ser totalmente descartado!
- Se os coaches que conhece não parecem se encaixar no que está procurando, vale a pena verificar se o que você acha que quer realmente reflete o que está tentando alcançar. Também vale pensar se você está realmente pronto para fazer um compromisso com o coaching no momento. Se tiver certeza sobre tudo isso, está na hora de falar com outro;
- Fale sobre quaisquer preocupações que você tenha sobre o coaching com cada profissional que encontrar para ver como cada um lida com essas questões. Quanto mais honesto você for desde o início, mais eficaz será o coaching.

As pessoas que recomendamos têm especialização em coaching de carreira e uma vasta experiência de trabalho nessa área. Infelizmente, descobrimos que certificação e qualificações nem sempre garantem um excelente coaching, e muitos coaches concordarão em assumir qualquer cliente, independentemente do seu nível de experiência em uma especialidade específica.

Depende do que você particularmente quer focar com seu coach, mas se for todo o processo de mudança de carreira, faz sentido trabalhar com alguém que tenha feito isso muitas vezes e seja muito confiante nessa área. Se é uma crença limitante particular que está atrapalhando o seu caminho, um coach com um conjunto de habilidades mais amplo será capaz de ajudar. Em caso de dúvida, peça a eles que lhe deem alguns exemplos de processos de coaching semelhantes que tenham feito recentemente.

Finalmente — confie no seu instinto! Se parece certo, eles têm a experiência e você está pronto para se comprometer: vá em frente! Se você começar a trabalhar com o coach e ele não funcionar para você por qualquer razão, diga a ele se achar que é algo que pode ser resolvido (de volta à honestidade!), mas se achar que é um problema mais profundo, termine o relacionamento de coaching.

CUSTO E NÚMERO DE SESSÕES

Os custos das sessões de coaching variam muito dependendo de fatores diferentes, incluindo região, experiência do coach, se você está pagando particular ou se sua empresa está pagando, e assim por diante. Faça a sua pesquisa no início para determinar qual é a taxa atual tanto para o coaching presencial (mais caro) quanto para o coaching por telefone (mais barato e mais flexível em relação ao tempo) e determine o quanto pode pagar. Se for fazer isso, encare como um investimento; você pode inclusive descobrir que o coaching pode dar insights sobre como usar o mesmo método para avançar em outras áreas de sua vida, além de lhe dar um caminho a seguir para planejar sua carreira.

Os coaches cobram de várias maneiras diferentes. Se lhe for indicado um preço para um programa fixo, descubra o que ele irá cobrir. Também vale a pena perguntar quanto seriam eventuais sessões adicionais se você quisesse continuar o coaching, garantindo que vá continuar com o mesmo. Com coaches que cobram por sessão, pode valer a pena perguntar se eles oferecem um desconto se você comprar um pacote de sessões (por exemplo, pagando as primeiras três sessões antecipadamente). Se você vai para uma empresa especializada em coaching de carreira, compare os preços com os dos coaches individuais para se certificar de que está recebendo um bom preço. Algumas das maiores empresas de coaching têm equipes e instalações grandes, entre outras coisas, que podem aumentar o preço por sessão — vale a pena verificar!

Aconselhamos que você negocie pelo menos três sessões — dentro desse período de tempo, você deve definitivamente estar sentindo progresso e estar confiante de que sabe para onde está indo. Se não, diga isso ao coach. Desse ponto em diante, só você e ele podem decidir quanto tempo levará o processo. Algumas pessoas gostam de fazer o coaching em etapas (a primeira para decidir sobre a nova direção de carreira e iniciar a pesquisa, a segunda colocando a pesquisa e o networking em ação, a terceira executando o plano e assim por diante) e outros gostam de continuar segundo a inércia. Algumas pessoas com quem trabalhamos elaboraram o plano de ação de mudança de carreira em três sessões, outras fizeram em seis ou doze, dependendo das crenças limitantes ou das diferenças que podem interferir. Não se trata de uma corrida — trata-se de chegar ao lugar certo no tempo certo para você.

COMO TIRAR O MÁXIMO PROVEITO DO COACHING

Ao longo dos anos, temos visto que as pessoas que extraem o resultado máximo do coaching fazem todas ou a maioria das seguintes coisas:

- Entendem que o coach é um facilitador e não lhes dará respostas, mas fará perguntas, dará feedback e provocará diferentes pensamentos ou padrões de pensamento para ajudar a criar mudança — infelizmente, eles não têm uma varinha de condão com a resposta para o enigma da sua carreira!
- Eles estão ansiosos para obter o máximo do seu coaching e, se têm alguma preocupação ou sentem que há coisas que não parecem estar dando certo, as articulam logo no início;

- Dão feedback regular ao coach sobre como acham que o coaching está progredindo e como sentem que poderia ser mais eficaz. (Se você estiver desconfortável com a ideia de dar feedback, discuta isso com o coach o mais rápido possível para poder lidar com isso o mais cedo possível);
- Se decidem que não está funcionando para eles (porque o coach não é o ideal, o coaching não é a intervenção certa ou eles não têm o tempo necessário para o processo), dizem isso e pedem uma paralisação do coaching;
- Completam todo o trabalho a ser realizado com antecedência (e não no dia anterior!) e estão prontos para dar feedback ao coach sobre o que tem funcionado bem e o que tem sido menos eficaz — isto é, praticam e pesquisam!
- Pensam no que gostariam de cobrir especificamente em cada sessão e articulam isso com o coach;
- Estão abertos a ter seu pensamento desafiado pelo coach e a manter uma mente aberta;
- Se necessário, entrarão em contato com o coach entre as sessões para discutir uma questão que surgiu ou qualquer coisa que esteja impedindo o progresso para que a dinâmica seja mantida;
- Divertem-se com o coaching — ele pode ser desafiador, tem seus momentos difíceis e exige dedicação, mas também deve ser divertido.

PARTE IV

ESTRATÉGIAS PARA PROCURAR EMPREGO: CONSEGUINDO ENTREVISTAS E GARANTINDO O EMPREGO

"Para ter sucesso na vida no mundo de hoje, você deve
ter a vontade e tenacidade para terminar o trabalho."
CHIN-NING CHU

Estamos agora na reta final. Nossa esperança é que, caso tenha seguido os exercícios através do livro, você:

- Criou consciência de quaisquer crenças ou pessoas limitantes que tem ao seu redor e encontrou uma maneira de manter tudo isso sob controle enquanto considera o que está por vir em termos de carreira;
- Teve uma visão geral de seus conjuntos de habilidades verificáveis para o seu local de trabalho e uma compreensão clara do que está procurando em sua situação de trabalho ideal;
- Fez um brainstorming com várias opções dignas de exploração para verificar uma série de diferentes setores, carreiras e estilos de trabalho;

- Fez tanto a pesquisa ativa quanto a passiva para verificar se essas opções do brainstorming são viáveis para você em suas circunstâncias atuais, e reduziu seu plano de ação de carreira futura para um ou possivelmente dois alvos específicos;
- Criou um plano de ação de como vai seguir em frente com essas opções.

Agora vem a próxima etapa óbvia: a estratégia de procura por emprego. Dentro da Parte IV, vamos delinear para você as técnicas testadas e experimentadas no que diz respeito ao básico de uma busca por emprego. Como com todas as coisas, dá para complicar e escrever muito sobre cada aspecto da procura por emprego — você pode muito bem ter se deparado com livros enormes sobre cada área temática. O que nos esforçamos para fazer foi decompor cada aspecto em pedaços manejáveis e facilmente alcançáveis que vimos funcionar muitas vezes.

Capítulo 28
Qual é a sua marca pessoal?

O conceito de conhecer a sua marca pessoal já existe há várias décadas, mas nunca foi tão relevante como agora, especialmente para aqueles que se preparam para a caça ao emprego.

VOCÊ SABE QUAL É A SUA?

Um exercício rápido para começar a pensar:

Pegue um pedaço de papel e o divida na metade, verticalmente. No lado esquerdo, escreva todas as coisas que você pensa que as pessoas dizem sobre você quando você não está perto delas. O que seu chefe diria? Os seus colegas? Os seus clientes? O seu melhor amigo? Os amigos que você sempre vê? Pense sobre todos os aspectos de como você se apresenta para o mundo — como é nas reuniões, nas interações diárias na área de café, como entra em uma sala, os e-mails que envia, sua mensagem de correio de voz no seu telefone... todos os lugares em que as pessoas veem você e fazem julgamentos sobre o que veem. Escreva tudo o que há de bom e de ruim!

Escreveu algo negativo? Algo coisa positiva? A ideia é escrever uma lista objetiva que represente seu melhor palpite nesse momento.

Agora, no lado direito da página, faça o mesmo exercício, mas desta vez anote tudo o que as pessoas de fato dizem sobre você em todas essas circunstâncias.

Quão diferentes são as duas listas? Quais são as coisas que você escolheria mudar? Quanto você quer mudar, e seria possível fazer isso de forma consistente?

De maneira bem geral, o que as pessoas dizem sobre você quando você não está por perto é a sua marca pessoal, e muitas vezes não é tão consistente quanto você poderia pensar. Uma cliente recente era conhecida em seu negócio como uma advogada muito astuta e recebeu um feedback ótimo sobre sua habilidade em reuniões, mas também ouviu que as pessoas não sentiam que realmente a conheciam. Uma das principais coisas que seus colegas mencionaram quando uma avaliação 360 foi feita (quando colegas, subordinados e gerentes são questionados sobre o comportamento e desempenho de uma determinada pessoa no trabalho) foi que seus e-mails os deixavam com dúvidas sobre ela. Depois de um feedback anterior para suavizar os tons de seus e-mails, a advogada começou a adicionar um "beijos" no final de todas as suas comunicações internas. Isso era tão incompatível com suas interações face a face e parecia tão falso que se tornou o ponto de partida de uma quebra de confiança. É apenas um exemplo de como uma coisa pequena pode interferir no modo com que somos vistos.

Todos nós temos muito mais controle sobre a percepção que as pessoas têm de nós do que muitas vezes escolhemos admitir. Pense nas mensagens que você está enviando para o mundo e garanta que está confortável com elas. É muito mais convincente ser autêntico e aberto sobre quem somos do que tentar criar um personagem que não tem nada a ver conosco. Isso atrapalha particularmente as entrevistas. Se o entrevistador se encontrar com você e você for autêntico, sua melhor versão, é muito mais fácil ver se você vai combinar com a equipe ou com a organização para a qual está sendo entrevistado. Pode parecer contraintuitivo, mas é muito melhor ser rejeitado para um potencial trabalho errado por ser você mesmo do que acabar em uma posição em que você nunca poderá realmente ser você mesmo. Ser claro sobre quem você é e quem quer ser no mundo é uma proposta muito mais atraente para o recrutador. Então, você sabe qual é a sua marca pessoal? O que veste, como se comporta, como se apresenta, como fala — tudo isso o representa? Se você não tem certeza, peça às pessoas próximas que lhe digam seus pensamentos e insights para ajudá-lo a desenvolver seu próprio entendimento. Há, quem sabe, algumas pequenas mudanças-chave que você poderia fazer hoje que o aproximariam da lista do lado direito da página do exercício acima? Quais seriam elas? Você poderia começar hoje?

Pedimos a uma autora de bestsellers e especialista em branding pessoal que nos desse suas opiniões sobre o que ela vê como fundamental ao olhar para esta área e como se manter atualizado. Estes são os pensamentos de Jennifer Holloway:

> Quando você está atrás de emprego, sua marca pessoal é provavelmente a carta mais alta que você pode jogar para conseguir uma posição. Você pensava que era o seu currículo, não é? Bem, ele é em parte, mas a sua marca pessoal vende muito mais. Pense na sua marca como um pacote que oferece duas coisas fundamentais:
>
> **1. Seu "o que" (esta é a parte funcional)**
> Isso inclui muitas das coisas que você coloca no seu currículo: que experiência você tem, em que setores trabalhou, quais resultados entregou, quais qualificações tem. É importante ter essa credibilidade como parte de sua marca pessoal, mas não é todo o pacote. Em vez disso, você tem que adicionar a segunda parte...
>
> **2. Seu "quem" (esta é a parte emocional)**
> É aqui que as pessoas aprendem sobre quem você é: os valores que orientam a sua bússola moral, os condutores que o mantém motivado, as habilidades e pontos fortes que lhe permitem entregar, os comportamentos que marcam a sua personalidade. Quando pergunto às pessoas: "O que o fez decidir dar

o emprego ao candidato escolhido?", as respostas se concentram em um aspecto emocional: "Gostei muito da atitude dele", "Disseram coisas que conversavam com os meus valores pessoais", "A personalidade dele parecia combinar muito bem com a minha equipe". Estas respostas mostram que é o "quem" que faz o negócio fechar. (Claro, você tem que ser capaz de fazer o trabalho em primeiro lugar, então o "o que" não pode ser ignorado, mas não faça disso todo o foco quando estiver vendendo a si mesmo.)

Essa capacidade de vender "o que" *e* o "quem" é o motivo pelo qual a sua marca pessoal é tão importante. Por exemplo, tive uma cliente que perdeu uma vaga em um cargo superior em duas ocasiões, apesar de um currículo forte e muitos exemplos práticos para apoiar as suas respostas à entrevista. O feedback que ela recebeu da agência que a apresentou foi: "Eles tinham total confiança de que você poderia fazer o trabalho, mas não tinham ideia de quem você era". Claro que não tem que guardar a sua marca pessoal para as entrevistas. Se for esperto, vai dar pistas sobre quem é bem antes de se sentar no banco de réus. Aqui estão algumas áreas a considerar:

Seu currículo

Pense na fonte que você usa: diferentes tipos de letra transmitem diferentes mensagens, de juventude a certo *gravitas*. Quando você incluir seus detalhes de contato, certifique-se de que não está dando um tiro no pé com um endereço de e-mail negativo (gatinhafesteira@hotmail.com, por exemplo, não é uma boa ideia). Também é recomendável incluir o endereço do seu perfil do LinkedIn (que é uma obrigação para quem procura um emprego) para fornecer detalhes extras que você não incluiria em um currículo — como uma foto e recomendações. E sempre — *sempre* — certifique-se de que o que você escreveu está 100% correto, porque nada faz com que um currículo vá para a lixeira mais rápido do que um erro de ortografia.

Seu rastro online

Falei com vários recrutadores que dizem que, quando o currículo de uma pessoa os convence de que vale a pena considerar o candidato, eles imediatamente jogam o nome no Google para saber mais sobre ele. Como alguém disse: "Se seu rastro online não corresponder às expectativas iniciais, será um fracasso imediato". O LinkedIn é o primeiro lugar para fazer as coisas do jeito certo. Sua foto deve ter a mesma aparência que você tem quando chega para uma entrevista — então, sem fotos de você em um bar ou em um casamento. E sempre inclua um resumo, porque é exatamente o lugar onde você pode incluir uma visão de quem é, juntamente com coisas fatuais. Além disso, pense em todos os outros lugares online onde você existe e se certifique de que é cuidadoso e consciente (não critique ninguém abertamente e não use linguagem obscena, por exemplo) ou então tenha suas configurações de privacidade definidas para protegê-lo ao máximo.

Seu contato inicial

É um erro comum que as pessoas passem todo o tempo de preparo para uma entrevista praticando respostas a perguntas esperadas. Em vez disso, você deve dedicar o mesmo tempo para pensar sobre o que vem logo antes da entrevista propriamente dita. Comece planejando o que vai vestir e se certifique de que a roupa não só está limpa e engomada como também tem uma pitada da sua personalidade, seja pelo padrão da sua gravata ou pela cor dos seus sapatos. Pratique o seu aperto de mão, juntamente com um bom contato visual e um sorriso radiante, para transmitir imediatamente calor e confiança. Muitas pessoas pensam que têm bons apertos de mão, mas muitas vezes eles são fracos ou fortes demais, então colete algum feedback. E lembre-se de que cada pergunta é uma oportunidade de causar um impacto. Se lhe perguntarem, "Como foi a sua viagem?" não diga apenas "Muito bem, obrigado". Pense em como você pode adicionar alguma personalidade, como por exemplo: "Levei uma hora no trem, mas estou lendo um ótimo livro, então o tempo voou." Eles vão lhe perguntar o que está lendo, você pode começar uma conversa e, de repente, sua marca pessoal estará fazendo sua magia. Tudo isso antes mesmo de ter respondido à primeira pergunta da entrevista!

Capítulo 29

O que você quer da carreira versus o que um empregador quer de você

"Não contrate um homem que trabalha por dinheiro, mas sim aquele que trabalha por amor."
HENRY DAVID THOREAU

Pode parecer óbvio, mas uma coisa que muitos candidatos não compreendem é que aquilo que procuram em um novo cargo não equivale necessariamente ao que um empregador procura para o desempenho daquela função. Você pode muito bem ter identificado que quer uma responsabilidade adicional, uma oportunidade para avançar, aumento de salário e benefícios, talvez um maior equilíbrio entre trabalho e vida, e assim por diante — consulte sua matriz para ver sua lista pessoal. Do ponto de vista de um empregador, eles podem muito bem ter uma lista totalmente diferente de requisitos quando estão procurando alguém para ocupar uma função, que pode incluir alguém para resolver seus problemas imediatos no negócio, alguém que se encaixe perfeitamente em uma tarefa específica, alguém para poupar e/ou ganhar dinheiro para ele, um funcionário totalmente comprometido e, finalmente, alguém que irá tornar o trabalho do empregador mais fácil.

Há espaço para satisfazer ambos os conjuntos de necessidades, mas é importante ter em mente, quando começar sua pesquisa de emprego, que ao encontrar um potencial empregador, você se concentra nas necessidades deles em vez de suas e no que você pode trazer à função, não no que tirará pessoalmente dele. Vamos focar mais nisso durante a nossa visão geral de como ir bem em uma entrevista, mas é uma boa regra de ouro para manter no fundo de sua mente em todas as suas interações: "O que posso fazer por você?" em vez de "O que você vai fazer por mim?".

Capítulo 30
Candidatando-se a empregos

O mercado de trabalho é enorme. Mesmo em uma crise, novas oportunidades aparecem constantemente — você só precisa saber onde procurar. A maioria dos que procuram emprego correm como doidos para se candidatar a tudo e a qualquer coisa. Uma abordagem mais eficaz consiste em utilizar rotas para o mercado que menos pessoas utilizam.

Nos capítulos seguintes, delineamos uma série de estratégias diferentes para a sua procura por emprego, e iremos encorajá-lo a analisar uma variedade de abordagens para alcançar o seu objetivo de conseguir uma nova colocação. Há dois aspectos fundamentais no mercado de trabalho: o mercado aberto tradicional (com candidatura a emprego feita através de anúncios e recrutadores) e o mercado oculto (com procura de emprego através de redes e aplicações especulativas). De acordo com um estudo da Drake Beam Morin, líder mundial no fornecimento de soluções estratégicas de recursos humanos, 64% dos entrevistados disseram que encontraram seus novos empregos através de networking. Esse panorama é comumente citado por recrutadores e empresas de recolocação, e é por isso que começamos com isso como nossa primeira estratégia recomendada. As empresas querem manter os seus custos de recrutamento baixos (que, em alguns casos, podem representar até 33% do salário anual de um empregado) e contratar pessoas "conhecidas" — pessoas que lhes foram recomendadas, que já viram em ação ou que têm uma excelente reputação no mercado. Para além de uma potencial redução de custos, uma abordagem direta por parte de um candidato motivado que tenha feito a sua pesquisa ou de um candidato recomendado reduz o risco de o empregador contratar a pessoa errada, resultando em uma contratação mais rápida, com menos tempo gasto filtrando candidatos inadequados.

Capítulo 31
Networking

"Não é o que você sabe, mas quem você conhece que faz a diferença."
ANÔNIMO

Em primeiro lugar, é importante que seu networking seja direcionado, pois networking sem qualquer tipo de alvo geralmente é uma perda de tempo. Nessa fase da sua pesquisa, você vai ter uma lista de empresas que almeja dentro do seu setor escolhido. O número de pessoas que estarão na sua lista depende da sua pesquisa de emprego específica. Por exemplo, se você estiver procurando uma função no *help desk* de TI em uma grande empresa, muitas vezes existem várias dessas funções, então você provavelmente precisará de uma lista menor. Se você está procurando um cargo de diretor de RH global em uma grande empresa, pode haver apenas uma posição, então você terá que aumentar seu networking para descobrir oportunidades. Para cada empresa, descubra se há alguém lá que você conhece; se não, analise sua pesquisa em busca de possíveis contatos que porventura tenha encontrado.

Na época do recrutamento de Jane, a empresa para a qual ela trabalhava utilizou uma métrica de duzentos currículos enviados para obter oito entrevistas, o que resultou em duas ou três ofertas de emprego. Assim, dá pra entender por que encorajamos você a aumentar teu volume de aplicações, embora tenhamos que enfatizar: não peque na qualidade — as pessoas são capazes de dizer quando elas são apenas parte de uma lista de e-mail de disparo massivo, então personalize cada aplicação.

Embora sejamos defensoras do uso de sites de networking de negócios e tenhamos visto clientes arrumarem projetos, trabalho de consultoria e empregos através desses sites, pode ser fácil se esconder atrás deles. Não há realmente nenhum substituto para conhecer pessoas pessoalmente, pois isso realmente pode fazer sua carreira progredir. Quando você organiza uma reunião de networking, é útil abordá-la como uma reunião de negócios onde você e a pessoa com a qual combinou de se encontrar se beneficiarão. Essas pessoas podem ter informações importantes sobre a indústria, sobre a empresa ou mesmo sobre potenciais oportunidades de colocação que podem ser vitais para a sua procura por emprego, mas que também podem se beneficiar do encontro delas mesmas. Quanto mais dessas reuniões tiver, mais informações reunirá e — desde que elas não sejam confidenciais — você poderá compartilhar isso em reuniões futuras para criar uma experiência mais recíproca. É uma questão de recolher informações e pedir conselhos, não de pedir um emprego ou implorar por ajuda!

PROMOVENDO-SE E SE POSICIONANDO CASO TENHA UM CONTATO DENTRO DA EMPRESA

Depois de ter encontrado o contato adequado na sua rede, peça-lhes as informações de base de que necessita sobre a organização que almeja (mas não informações que sejam de conhecimento público) e o nome da pessoa a quem deve dirigir a sua candidatura. Se você é capaz de se referir ao seu contato na carta de candidatura, melhor — isso irá adicionar credibilidade à sua abordagem. Sites de redes de negócios como o

LinkedIn são úteis para ajudá-lo a verificar se há alguém em sua rede que pode ajudá-lo a se conectar com um contato em sua organização alvo.

Ao abordar pessoas para uma reunião de networking, não é aconselhável enviar uma cópia do seu currículo a eles, a menos que o tenham solicitado especificamente. Um currículo pode sinalizar imediatamente para um contato do seu network que você está procurando um emprego; se ele ou ela não tiver nenhum emprego imediato, pode não querer se encontrar com você. Nessa fase, você quer conhecê-los para descobrir como suas habilidades poderiam atender às suas necessidades e, portanto, uma abordagem melhor é escrever uma carta introdutória cuidadosamente elaborada que enfatize sua experiência relevante. Sugerimos que você considere enviar uma carta em vez de um e-mail (a menos que o destinatário saiba que você estará enviando um e-mail para eles). Isso se deve ao fato de que as pessoas têm receio de receber e-mails de fontes desconhecidas e também porque, dado o grande volume de e-mails recebidos pelos gerentes, seu contato pode não receber a atenção que merece.

Como um guia, se você tem experiência relevante de trabalhos anteriores, aconselhamos que a sua carta siga o seguinte formato:

- O primeiro parágrafo apresenta você e indica o nome da pessoa do seu network que forneceu a introdução àquele contato;
- O segundo comenta uma situação pela qual a empresa esteja passando atualmente, que você identificou em sua pesquisa (talvez você tenha notado que eles acabaram de lançar um novo serviço ou expandiram suas operações em um novo local);
- O terceiro estabelece como a sua experiência profissional anterior é relevante em relação à área de interesse;
- O parágrafo final detalha como você vai fazer o acompanhamento daquele contato com o propósito de organizar uma reunião ou conversa.

Se você não tem experiência anterior relevante, pode usar o formato acima, mas no terceiro parágrafo precisará se referir ao projeto/estágio/trabalho voluntário que você fez — ou está planejando fazer — e como ele é relevante para aquela empresa.

DICAS DE ACOMPANHAMENTO

Você deve acompanhar o andamento do contato, idealmente cerca de uma semana depois de enviar a carta — antes você pode parecer insistente, e depois eles já podem ter se esquecido de você.

Conferir o status de um contato com um telefonema aumentará as suas hipóteses de conseguir uma reunião. Uma técnica simples para superar o correio de voz é deixar apenas uma mensagem dizendo que você está apenas acompanhando o status do contato feito pela carta. Se eles não retornarem sua mensagem após alguns dias, continue ligando até conseguir falar com eles, mas não deixe uma mensagem se cair no correio eletrônico de novo. Se continuar deixando mensagens, pode ser visto como um incômodo. Um secretário ou PA pode ajudá-lo a entrar em contato com eles se você for educado e pedir a melhor hora para ligar, a fim de encontrar a pessoa. Outra estratégia é telefonar de manhã cedo ou à noite. Você terá mais sorte se conseguir acessar diretamente quem você quer falar, e se no caminho tiver encontrado um secretário ou assistente indispostos a ajudar, é menos provável que esbarre com ele ou ela.

DICAS PARA REUNIÕES

Se você for bem-sucedido em garantir uma reunião, como aproveitar ao máximo essa preciosa oportunidade?

- Tente chegar ao local mais cedo, mas vá a um café e espere até o momento certo, para garantir que chegue no horário;
- No início, reitere quem você é, por que está lá e quem sugeriu que você entrasse em contato para criar um ponto de contato compartilhado. É útil ter um esboço do conteúdo da reunião na sua cabeça antes de começar, para saber o que quer cobrir e, de preferência, em que ordem. Isso vai permitir que você cubra todas as áreas importantes durante a sua reunião e ainda a termine dentro do horário;
- A sua missão para a reunião é descobrir se há potenciais postos de trabalho ou vias de acesso ao negócio e como aproveitar essas oportunidades;

- Não se esqueça de perguntar o máximo possível sobre as pessoas com as quais está se encontrando e sobre os problemas enfrentados pela empresa para descobrir como se posicionar. Faça sua pesquisa antes da reunião para preparar algumas perguntas boas e pertinentes;
- Como na entrevista informativa, se você disse que vai ocupar só vinte ou trinta minutos do tempo da pessoa, cabe a você ficar de olho na hora para se certificar de que vai se ater ao tempo que pediu;
- No final da reunião, sempre vale a pena perguntar se há alguém a quem possa ser apresentado que, porventura, esteja interessado em falar com alguém com o seu histórico. Se lhe passarem novos contatos, tome a iniciativa e peça a eles que digam a essa pessoa que você entrará em contato em vez de esperar que esse novo contato fale com você. Se disser que vai aproveitar aquela apresentação, certifique-se de que vai mesmo aproveitar.

Depois de se esforçar para falar com o CEO ao telefone, John ligou às 7h30 da manhã e conseguiu. Ele perguntou se poderiam conversar no dia seguinte e garantiu que não levaria mais do que trinta minutos. Durante a reunião, John fez muitas perguntas, uma delas sendo quais os problemas que mantinham o CEO acordado à noite. Ao descrever as questões, o CEO deu a John muitas ideias para projetos. Ele escreveu para o CEO após a reunião e apresentou uma proposta de pesquisa e solução para um dos maiores problemas da empresa. A ideia foi aceita e, ao final do projeto, John recebeu a oferta de um emprego permanente.

Sempre mande um uma carta ou e-mail de agradecimento após a reunião. Dependendo do conteúdo dela, pode ser interessante mencionar as questões que você abordou, escrever uma breve proposta sobre como poderia trabalhar para eles ou, se apropriado, reiterar como a sua experiência poderia ajudá-los. Certifique-se de manter contato e de lhes enviar qualquer informação que possa ajudá-los com seu trabalho ou com um problema atual que estão enfrentando.

APLICAÇÕES ESPECULATIVAS: PROMOVENDO-SE E POSICIONANDO-SE CASO NÃO TENHA UM CONTATO DENTRO DA EMPRESA

As orientações sobre o tipo de carta que você deve escrever, seu formato, como acompanhar o status e como conduzir uma reunião são as mesmas da seção acima, exceto pelo fato de que você não será capaz de referenciar a um conhecido mútuo. Isso significa que é ainda mais importante acompanhar o status das suas cartas. Isso vai lhe dar a oportunidade de descobrir se enviou a carta à pessoa certa. Certifique-se de personalizar as cartas de abordagem direta: faça referências a mudanças na indústria, questões que a empresa pode estar enfrentando ou mesmo o fato de terem uma oportunidade de emprego aberta! Pense como um consultor — como você pode demonstrar que suas habilidades podem ajudá-los?

Se não for capaz de identificar um contato no seu network que possa ajudá-lo com a empresa que está almejando, terá que fazer uma abordagem especulativa, diretamente a alguém que você não conhece. Contatar pessoas "frias" é um método que muitos dos nossos clientes têm usado com sucesso, mas você deve ser realista e se certificar de que mantém um alto volume de aplicações: é muito parecido com um ciclo de vendas, você deve criar certo fluxo para descobrir oportunidades. Além disso, como dissemos, dependendo da função que você está procurando (por exemplo: para uma posição sênior, haverá menos oportunidades), você pode precisar aumentar o número de empresas que aborda.

Certifique-se de que você está mirando em pessoas do nível certo para o tipo de trabalho que quer conseguir. Idealmente, mire em pessoas que estão dois níveis acima do nível em que deseja trabalhar. Em caso de dúvida, mire alto — mas não muito, uma vez que uma carta que tenha sido encaminhada de cima para baixo, partindo de alguém sênior, é provável de ser levada a sério, enquanto que escrever para o CEO de uma grande indústria significa que provavelmente a carta será encaminhada para o departamento de recursos humanos ou para a empresa de recrutamento contratada pela companhia. Tenha em mente que você não quer que seu currículo caia nas mãos de alguém que tenha o mesmo nível de senioridade que você — e que, vendo que sua experiência é melhor do que a dele ou dela, jogue seu currículo no lixo!

A menos que você queira trabalhar com recursos humanos, aconselhamos nossos clientes a escreverem para os gerentes imediatos sempre que possível. Se a empresa tem uma política de recrutamento clara, então, naturalmente, você precisará obedecer a essas regras; mas, caso contrário, os gerentes imediatos estão perto do negócio e estão em uma boa posição para ver quando as oportunidades de emprego podem surgir em seus departamentos. Uma gerente sênior de marketing de uma empresa bem conhecida nos disse que guarda todos os bons currículos não solicitados e encontra alguns remetentes para um café, pois nunca sabe quando pode precisar de boas pessoas em sua equipe.

Certifique-se de que está analisando regularmente a imprensa (incluindo revistas da indústria) ou de que colocou alertas para artigos relacionados às empresas da sua lista de destinatários. Isto pode dar a você um nome de contato apropriado, uma vez que os superiores são frequentemente citados nos artigos.

Outros lugares para encontrar os nomes de executivos seniores incluem:

- A imprensa e as revistas relacionadas com a indústria na qual você está interessado. Elas anunciam muitas vezes novas nomeações. Também vale a pena notar que pessoas novas no cargo podem estar abertas ao recrutamento de novas pessoas;
- O relatório anual da empresa;
- O site da empresa;
- Listas de palestrantes de conferências da indústria;
- LinkedIn. Pesquise pelos nomes dos cargos das empresas e verifique os relatos feitos por gerentes de pessoas que trabalham para a empresa alvo, pois eles muitas vezes o levarão a mais nomes.

Capítulo 32
Feiras profissionais

As feiras profissionais geralmente são direcionadas para o segmento mais jovem do mercado, bem como para as competências específicas que as empresas estão tentando recrutar, como por exemplo competências técnicas. As feiras são uma ótima maneira de sentir a indústria e de conhecer representantes das empresas. Às vezes, os representantes são de recursos humanos, às vezes são gerentes imediatos, mas de qualquer maneira você pode ter conversas presenciais e essa é uma oportunidade para construir relacionamentos. A desvantagem é que você está recebendo a versão higienizada de como é trabalhar para a empresa, não como ela é realmente! No entanto, usando ferramentas como o LinkedIn, você tem a oportunidade de chegar aos funcionários que podem ser capazes de lhe dar uma visão de dentro ou, melhor ainda, ex-funcionários, que muitas vezes são capazes de ser realmente sinceros sobre os prós e contras de uma empresa.

- Leve o seu cartão de visita e várias cópias do seu currículo;
- Vá cedo — os representantes podem estar menos cansados do que no final do dia, por isso é mais provável que o ajudem,

e pode ser mais fácil ser lembrado depois;

- Você precisa se destacar, e a melhor maneira de fazer isso é fazer perguntas perspicazes depois de ter feito sua pesquisa. Não faça perguntas cujas respostas você poderia ter conseguido com uma pesquisa na internet. Pergunte a eles a sua opinião, questione o porquê de terem entrado naquela empresa, que trabalho fazem e que tipo de tarefas são oferecidas;
- Vista-se o melhor que pode — de sapatos encerados, unhas limpas e cabelo arrumado, como se fosse a uma entrevista. Faça sua lição de casa — as empresas de software terão um estilo de vestir diferente do dos bancos de investimento;
- Se houver afinidade com alguma empresa, pergunte se há mais alguém que recomendam com que você fale. Peça o cartão de visita dessas pessoas e acompanhe o status dos contatos;
- Quando acompanhar o status dos contatos, lembre as pessoas de quem você é. Talvez você tenha feito perguntas inesperadas, mas perspicazes, ou tenha feito claramente uma pesquisa eficaz. Essa pessoa deve ter conhecido muitas pessoas na feira, por isso você tem que refrescar a memória dela;
- Não monopolize o tempo das pessoas. Se sentir que eles esperam que você siga em frente, diga educadamente que não quer ocupar muito do seu tempo e sinalize que vai fazer uma última pergunta;
- Trate de personalizar o seu pedido para fazer amizade com alguém via LinkedIn. Muitos recrutadores que conhecemos não aceitam solicitações de amizade de alguém que não tenha se dado ao trabalho de personalizar o pedido. Certifique-se de que está enviando a solicitação usando um dispositivo que lhe permite personalizar o texto do pedido;
- Siga o contato no Twitter também, desde que seja um conta comercial. Muitos recrutadores agora têm sua própria conta no Twitter. Você deve estar acompanhando a empresa em todas as plataformas de mídia social em que está ativo.

As feiras de emprego são uma rota para o mercado. Tal como a publicidade, há muita concorrência e muitas vezes apenas as grandes empresas têm recursos para participar de feiras de emprego. Portanto, não negligencie as pequenas e médias empresas.

Capítulo 33
Anúncios

Responder a anúncios de emprego é a forma mais óbvia de conseguir um trabalho, mas é também a mais competitiva. Com o advento da publicidade na internet, os empregadores recebem centenas — se não milhares — de aplicações. Se você está procurando por uma função que parte diretamente da sua experiência atual, então responder a anúncios de emprego deve ser uma parte importante de sua estratégia. Também é importante considerar se você está mudando de indústria, pois às vezes a experiência funcional é mais importante para os recrutadores do que a experiência na área. No entanto, se você está mudando completamente de carreira, então, a menos que esteja disposto a começar do zero, esse método de procura por emprego deve ser a sua menor prioridade.

EMPREGOS ANUNCIADOS EM JORNAIS

Embora os principais jornais tenham sites, é melhor comprar o jornal no dia em que a seção de vagas é publicada, pois pode haver um atraso na colocação de vagas no site. Os sites de jornais têm recursos como o de enviar notificações, que lhe permitem enumerar o tipo de empregos em que está interessado. Você receberá as vagas que combinarem com o seu filtro por e-mail quando forem colocadas no site.

COMO E POR QUE LER ANÚNCIOS DE EMPREGO

Há duas razões para ler os anúncios de emprego. A primeira é óbvia: para encontrar o cargo dos sonhos, que combina com as suas habilidades e com sua carreira escolhida perfeitamente. A segunda é talvez menos óbvia: pode ser uma ótima maneira de se manter em contato com o mercado, e uma parte importante de sua pesquisa em andamento.

Ao ler um anúncio que parece conter o que você está procurando em sua próxima função, vale a pena usar um marca-texto para se certificar de que cobriu todos os pontos-chave enquanto responde aos anúncios. Esses pontos incluem:

1. Qualquer número ou nome de referência do emprego no anúncio: certifique-se de que o inclui na sua candidatura para que o recrutador saiba a qual emprego está se candidatando;
2. Habilidades e experiências essenciais para a função: destaque cada uma delas para que você possa ter certeza de que tanto a sua carta de apresentação quanto o seu currículo apresentam-nas de forma proeminente;
3. Habilidades adicionais e experiências que são desejadas, mas não essenciais: se você as tem, vale a pena destacar o fato em sua aplicação;
4. O prazo para a candidatura: se não for indicado, usualmente é de duas semanas após a data do anúncio. Quanto mais cedo você se candidatar, melhor, pois às vezes os recrutadores param de analisar as candidaturas quando recebem o suficiente.

Se você estiver lendo os anúncios, mas não encontrar a função para você, olhe para as empresas que estão anunciando em seu setor ou função escolhida. Eles estão na sua lista de potenciais futuros empregadores? Eles sempre recrutam diretamente ou através de uma empresa de recrutamento? Você está começando a ver uma dessas empresas especializadas em sua indústria com quem não teve em contato? Quais são os salários típicos anunciados na área escolhida? Você nunca sabe quando um anúncio pode ajudá-lo a identificar uma nova oportunidade para sua busca por emprego.

Capítulo 34
O mundo das agências de recrutamento

RECRUTAMENTO

As agências de recrutamento estão mais interessadas em pessoas que têm experiência relevante para o cargo que estão tentando preencher. Portanto, essas empresas serão ferramentas úteis para você caso esteja procurando por uma função que se baseia em sua experiência anterior. Lembre-se que a experiência funcional (tais como habilidades com finanças, habilidades de RH etc.) é muitas vezes transferível entre as indústrias, então não desconte agências de recrutamento se você pretende permanecer na mesma função, mas em um novo setor.

Se você não tem muita experiência relevante, é provável que seja mais rentável usar networking e aplicações especulativas como seus principais métodos de caça ao emprego.

É interessante explicar como funciona a indústria de recrutamento para que você possa decidir sua estratégia ao lidar com es agências. Quando uma empresa decide recrutar através de uma agência de recrutamento, esta utilizará um ou mais dos seguintes métodos:

Pesquisa na base de dados

A agência de recrutamento procura uma correspondência para a posição aberta (normalmente usada para posições de nível inferior) dentre sua base de dados com currículos de candidatos.

Seleção por anúncio

A empresa de recrutamento coloca um anúncio em uma publicação relevante ou na internet (usada em todos os níveis para cargos com remuneração de até cerca de cem mil libras por ano).

Pesquisa/busca via headhunter

A agência de recrutamento aborda pessoalmente (via headhunter) indivíduos (normalmente utilizados para cargos de chefia, quando a nomeação é confidencial ou para competências difíceis de encontrar). Os indivíduos abordados são geralmente bem conhecidos dentro de sua indústria, ou são identificados por pesquisadores que trabalham para a agência de recrutamento.

As agências especializadas em recrutamento são geralmente divididas em dois "campos" diferentes: as que fazem algo chamado recrutamento contingente — ou seja, são pagas apenas se um dos candidatos que apresentarem for contratado; e empresas de pesquisa que recebem um valor fechado pela fase de pesquisa, assim como pela de apresentação do candidato escolhido. Todos os recrutadores, mas particularmente os consultores de busca de executivos, recebem muitas cartas e currículos não solicitados, e relativamente poucas pessoas que os abordam são convidadas para uma entrevista. Então, se você tem um contato com um consultor de pesquisa, sugerimos que você o use, uma vez que dessa maneira é mais provável que você seja convidado para um bate-papo.

QUEM A AGÊNCIA DE RECRUTAMENTO REPRESENTA

Um equívoco comum é pensar que a agência de recrutamento está lá para representar seus melhores interesses como candidato. Ao longo dos anos, ouvimos muitas pessoas perplexas com a falta de atenção que recebem do seu recrutador. É importante lembrar, porém, que você não é o cliente. Você é apenas um dos muitos candidatos aos quais eles têm acesso e que podem apresentar. Como é a empresa que está recrutando que paga a conta, elas são os clientes da agência de recrutamento, e é nelas que as agências concentram a sua atenção. Você é, na melhor das hipóteses, uma mercadoria. É o seu trabalho mostrar à agência como é um produto valioso, manter contato e ajudá-los em seu trabalho para impressionar o cliente pagante. A taxa paga a um recrutador é normalmente uma porcentagem do salário anual do candidato selecionado — tipicamente 20% se a seleção é feita via base de dados (a porcentagem geralmente aumenta em proporção ao salário), 25% se é feita via anúncios e 33% se é feita por pesquisa/ via headhunter. Essa é outra razão pela qual uma abordagem direta pode ser uma opção econômica para a contratação de grandes candidatos! Pode ser polêmico dizer — e é óbvio que isso não se aplica a todos os consultores de recrutamento —, mas como esse profissional é recompensado pelo número de pessoas que emprega, é nisso que a atenção dele está quase sempre centrada. Muitos candidatos têm esperança de que um recrutador também ofereça orientação profissional e, ocasionalmente, pense fora da caixa em termos das funções para as quais elas podem se inscrever. Isso raramente acontece, e muitas vezes leva os candidatos a sentirem que seus recrutadores não fizeram um bom serviço. Novamente, lembre-se de que você não é o cliente — você é só uma peça muito útil do quebra-cabeça se tiver as habilidades que procuram. Se você entender os principais motivadores da maioria dos recrutadores, é mais fácil limitar suas expectativas e ajudá-los a fornecer o candidato certo para o cliente deles — você!

OS MELHORES HEADHUNTERS PARA ABORDAR

A maioria das agências de recrutamento está organizada em funções especializadas — por exemplo: TI, marketing, finanças — e, em seguida, cada consultor dentro da empresa vai se especializar em determinados setores da indústria.

Pergunte às pessoas na indústria ou função em que você quer trabalhar quais agências de recrutamento eles usam e quem consideram no mercado — mais uma vez, ajuda se você tiver uma boa indicação do recrutador, que o permita mencionar que um dos clientes dele sugeriu que você ligasse. Mesmo que você não tenha a intenção de ser contratado no momento, mantenha uma pasta de anúncios para o tipo de funções nas quais está interessado. Anote o nome do consultor de recrutamento, se tiver essa informação, pois quando um consultor muda de agência, mantém a relação com o cliente. Na indústria de recrutamento, os consultores podem mudar de agência com frequência — muitas vezes passando a recrutar para posições de níveis mais altos —, então você precisa manter um controle de onde as pessoas que recrutam em sua área estão trabalhando. Os consultores de recrutamento também trabalham frequentemente em tarefas que nunca são anunciadas, de modo que vale a pena tentar desenvolver uma relação com os principais profissionais para que, quando uma vaga adequada surgir, eles pensem em você como candidato ou como uma potencial fonte de pesquisa que podem consultar para encontrar o candidato ideal. Construir essas relações será útil para toda a sua carreira. Existem milhares de agências de recrutamento, por isso você deve ser seletivo e contatar apenas as que são relevantes para você. Se estiver tentando mudar de função, bem como de indústria, lembre-se de que deve usar o networking e aplicações especulativas para conseguir um emprego, uma vez que recrutadores muito provavelmente não conseguem ou não estão dispostos a ajudar.

Se você é um executivo experiente, talvez queira considerar os "recrutadores para vagas temporárias". As organizações muitas vezes necessitam de recursos adicionais se tiverem um projeto específico para entregar ou se precisarem de alguém que se junte à equipe pronto para "pegar o bonde andando" e tenha experiência muito específica nesse campo. A gestão interina tem mais a ver com a implementação do que com a consultoria, que tem a ver com trabalhar com um cliente para aconselhá-lo. Pode ser uma ótima maneira de obter experiência em um novo setor enquanto usa sua experiência em uma função específica.

Se você está apenas começando a trabalhar ou tem experiência de trabalho limitada, pode ser interessante considerar vagas temporárias — cumprindo tarefas por um tempo determinado para cobrir férias de algum funcionário ou uma sobrecarga de trabalho. A maioria das agências de recrutamento têm divisões para vagas interinas ou temporárias, de modo que você também pode querer pesquisar mais sobre elas como uma opção.

Sites como Upwork podem oferecer um trabalho ainda mais flexível, mas é provável que você precise de um conjunto de habilidades específicas, como programação ou design.

DICAS PARA LIDAR COM AGÊNCIAS DE RECRUTAMENTO

A maioria das agências conceituadas seguem as melhores práticas; no entanto, é aconselhável pedir a elas que entrem em contato com você antes de enviarem o seu currículo para uma empresa. Isto é para garantir que eles não enviem o seu currículo para uma empresa que você já está tentando contatar através de networking ou marketing direto. Às vezes isso acontece, e o resultado é que seu empregador novo pode ter que discutir sobre ter ou não que pagar uma taxa à agência de recrutamento, que pode reivindicar tê-lo apresentado à empresa. Se procura utilizar a sua experiência relevante, os consultores de recrutamento estão constantemente ativos no mercado e conhecem as empresas que estão contratando. Como em qualquer indústria, existem maus consultores, mas, ao contrário da crença popular, existem também aqueles que são excelentes, e certamente representam um importante caminho potencial para conseguir o emprego que deseja.

PROMOVENDO-SE E SE POSICIONAMENTO JUNTO A AGÊNCIAS DE RECRUTAMENTO

Quando tiver selecionado as agências que são mais adequadas para você, envie a elas uma cópia do seu currículo que seja especificamente direcionada para o emprego que pretende conseguir. Sua carta de apresentação deve indicar a função que procura e onde deseja trabalhar. Dar esta informação poupa tempo e ajuda o recrutador a considerá-lo em relação ao que seus clientes possam estar procurando. Certifique-se de que incluiu o salário (mais outros benefícios, tais como bônus ou auxílio transporte) que tinha em sua última função, pois irão lhe perguntar sobre isto. Além disso, certifique-se de que está indicando claramente quaisquer restrições geográficas que tenha, o que poupa tempc de todos os envolvidos. Novamente, sua carta de apresentação deve indicar claramente o que você poderia fazer pelos clientes do recrutador, tornando mais fácil para o recrutador "vender o seu peixe".

Capítulo 35
Cartas de apresentação

"A gramática é o túmulo das letras."
ELBERT HUBBARD

A carta de apresentação (ou seja, uma carta ou um e-mail enviado em resposta a um anúncio ou a uma potencial vaga de emprego para acompanhar o seu currículo) é um aspecto importante da sua candidatura. A menos que indicado, recomendamos que uma carta de apresentação seja sempre enviada quando se candidata a um emprego. É a sua oportunidade de estabelecer por que está entrando em contato e de encorajar o entrevistador a ler o seu currículo. Você tem a oportunidade de destacar as habilidades que tem e que correspondem às habilidades que o entrevistador está procurando, além de dizer porque você seria um candidato ideal. A carta é semelhante àquelas que você pode escrever para fazer networking ou para conseguir marcar uma reunião através de um contato direto; no entanto, nesse caso, você sabe o que o entrevistador está procurando. Os entrevistadores têm um período de tempo muito curto para tomar uma decisão sobre se o convidam ou não para uma entrevista, por isso é imperativo que você seja muito claro sobre como cumpre os critérios de recrutamento.

Recomendamos que as cartas de apresentação tenham uma página, sejam objetivas, e que, idealmente, sigam o formato abaixo:

- O primeiro parágrafo deve explicar a que emprego se candidatou e por que se candidatou;
- O segundo deve resumir sucintamente o seu histórico;
- O terceiro deve destacar as habilidades que você tem que correspondem ao que a empresa está procurando (idealmente uma lista de tópicos de fácil leitura);
- O quarto deve fornecer todas as informações adicionais solicitadas no anúncio;
- O último parágrafo deve ser o seu fechamento, onde você diz que irá entrar em contato ou solicita que o contatem para marcar uma entrevista ou discutir os próximos passos.

Se você atender a todos os critérios indicados no anúncio, pode usar a "técnica do espelho". Faça isto listando os atributos requeridos no lado esquerdo da página, e diante de cada um deles mostre um exemplo específico de como você atende ao requisito. Ao fazer a lista do lado esquerdo, tente usar as mesmas palavras e frases que são usadas no anúncio. A técnica do espelho é linda em sua simplicidade!

Por exemplo:

Listarei abaixo como cumpro os critérios para a função:

Forte histórico de vendas — Nos últimos dois anos, superou as metas de vendas em 150%.

Experiência internacional — Geriu remotamente doze profissionais de vendas baseados em Hong Kong enquanto estava em Londres. Viajou como diretor geral responsável pela região da Europa, Oriente Médio e África.

Se você não atender a todos os critérios listados no anúncio, apenas liste em uma coluna os que você atende. Seja o mais específico possível e evite frases vagas; os recrutadores procuram evidências concretas. Essa abordagem pode ser usada para todos os anúncios feitos por agências de recrutamento.

A maioria das pessoas pensa em algumas frases batidas na hora de escrever porque querem trabalhar para essa empresa; frases que copiaram e colaram da internet... não é tão impressionante! Se você quer se destacar como um candidato sério, demonstre sua pesquisa profunda sobre a empresa, talvez dando alguma visão sobre a sua posição no mercado ou uma recente notícia positiva sobre eles. Melhor ainda é mencionar ter separado um pouco de seu tempo para conhecer alguém da empresa ou entender sua cultura — isso realmente mostra que você teve diligência prévia. Certifique-se de ter destacado partes-chave das suas experiências e habilidades que são relevantes para a função à qual você está se candidatando. Evite mencionar quaisquer aspectos do anúncio de emprego que não correspondam à sua faixa etária ou formação, e também não detalhe competências que não sejam relevantes para a função ou sua pretensão salarial, a menos que especificamente solicitado. Sempre, sempre, *sempre*, verifique a ortografia e a gramática. Finalmente, certifique-se de que a sua carta de apresentação não é muito servil. Você e seu empregador devem estar à mesma altura na decisão de contratá-lo; sua carta de apresentação é uma boa indicação de quão alta é a sua autoestima, e também mostra se você tem uma abordagem profissional. Uma boa carta de apresentação prova que você é organizado, lógico e sabe que valor vai colocar na mesa. Usar a "técnica do espelho" demonstra uma mente lógica, um entendimento maduro do que o recrutador está procurando, e a coisa mais importante que o recrutador precisa saber nesse estágio, que é: você tem a experiência para o trabalho para que eu possa chamá-lo para uma entrevista?

Capítulo 36
Currículos

O seu currículo (que também pode ser chamado de CV, de Curriculum Vitae) é uma ferramenta vital no seu arsenal para a busca por emprego. É a sua chance de vender a si mesmo e suas habilidades de uma forma clara, simples, interessante e impactante. Um currículo bem escrito irá ajudá-lo a conseguir uma entrevista, concentrar o entrevistador em suas realizações pertinentes e dar a ele uma visão geral e clara do que você poderia fazer naquela função para a organização que está contratando. Se estiver enviando o seu currículo em resposta a um anúncio, especialmente em um mercado em que a função pode ter muita procura, o seu currículo e a sua carta de apresentação podem receber não mais do que uma olhada superficial. Um entrevistador irá normalmente separar os currículos em três pilhas diferentes:

- A pilha para entrevistas (currículos que parecem promissores e destacam realizações que correspondam às especificações do trabalho);
- A pilha de espera (currículos que têm potencial, que podem

ser chamados caso não haja candidatos suficientes na pilha para entrevistas);

- A pilha de rejeição (currículos que não chamam a atenção do entrevistador).

Para empregos competitivos, muitas vezes o que estiver na pilha de espera não será sequer considerado. Então, como entrar na pilha para entrevistas? É importante que você se destaque de uma forma positiva, e estabelecemos a seguir alguns critérios fundamentais que sabemos serem eficazes na hora de alcançar esse objetivo.

MONTANDO O SEU CURRÍCULO

Para facilitar a vida do recrutador, se você está enviando seu currículo por e-mail, deve salvá-lo em um documento do Word, com o nome do arquivo sendo seu nome completo. Se você vai alterá-lo, anexe números de versão diferentes a ele — por exemplo, Andrew_SmithCV1.doc. Dessa forma, se uma empresa telefonar para você depois de estar um tempo com seu currículo, você poderá verificar qual é a versão que eles têm e enviar a eles uma cópia atualizada. Novamente, pode parecer óbvio, mas: não proteja seu currículo com senha! A menos que você seja um candidato incrivelmente convincente de quem o recrutador tenha ouvido falar, é mais provável seu currículo excluído do que alguém entrar em contato com você para pedir a senha.

Uma boa regra geral é que, se você tem menos de cinco anos de experiência, deve ser capaz de fazer um currículo de uma página; se você tem mais experiência, provavelmente precisará de duas. Mesmo que você tenha muitos anos de experiência, deve mirar em no máximo duas ou três páginas, uma vez que é improvável que seu histórico anterior de carreira seja tão relevante que não possa ser resumido. A única exceção para isso é no caso dos pesquisadores acadêmicos, cujos currículos são tradicionalmente mais longos, com uma lista completa de artigos publicados etc. Os recrutadores estão mais interessados nos detalhes do que você tem feito nos últimos cinco anos, portanto, certifique-se de que é isso que você enfatiza; escrever só alguns tópicos para a posição em que esteve nos últimos quatro anos não é ajuda.

Diferentes partes do mundo têm formatos ou idiossincrasias ligeiramente diferentes. O currículo mais comum que vemos, e que é aceito pelas grandes empresas em todo o mundo, é aquele de cronologia inversa. Isso significa que sua experiência é organizada para exibir primeiro suas funções mais recentes.

Parece óbvio, mas tudo o que o seu currículo precisa fazer é chegar à pilha para entrevistas. Muitas vezes, as pessoas se dedicam demais à elaboração do currículo, acreditando que é ele que lhes trará o emprego.

Aqui estão os nossos principais segredos de currículo que reunimos ao longo dos anos com a ajuda dos principais recrutadores globais, profissionais de RH e gerentes imediatos responsáveis por contratações:

Certifique-se de que o seu currículo tem realizações e responsabilidades listadas, e que estas são baseadas em evidências

Há alguma evidência que você possa apontar que prove que você tem a experiência e as habilidades para a função à qual está se candidatando? Sempre que possível, inicie os seus tópicos com os chamados "verbos de ação", como por exemplo: iniciou, geriu, apresentou, liderou.

Resultados atingidos são fundamentais para decidir entre os candidatos, e são muitas vezes ignorados. Se considerarmos dois treinadores do time de futebol do Manchester United, como por exemplo Sir Alex Ferguson e Ron Atkinson, temos um exemplo de profissionais que tiveram as mesmas responsabilidades, mas uma lista muito diferente de realizações.

Escreva sempre no passado, sem usar a palavra "eu".

Por exemplo:

Conseguiu um aumento de 30% nas vendas nos primeiros seis meses através do desenvolvimento de contas existentes.

Em vez de:

Fui membro de uma equipe envolvida no desenvolvimento de contas existentes.

Use a seção de perfil com cautela

O perfil é um parágrafo, muitas vezes no começo de um currículo, que posiciona você aos olhos do leitor. Ele destaca pontos-chave de promoção da sua pessoa ou esclarece qualquer ambiguidade em sua experiência.

Não há consenso sobre se os entrevistadores leem ou não esses perfis — alguns gostam, outros não ligam. Por isso, a menos que ele realmente acrescente algo ao seu currículo, deixe-o de fora. Muitos perfis estão cheios de frases como "é um comunicador brilhante" ou "trabalha bem em equipe". Essas palavras podem ser verdadeiras, mas são apenas opiniões e não são suportadas por provas concretas, então efetivamente são declarações inúteis! Quando estiver fazendo declarações, especialmente em um perfil no início do seu currículo, torne-as objetivas em vez de subjetivas — o leitor deverá ser capaz de olhar para o seu CV e encontrar provas que sustentem cada uma das suas afirmações.

Aqui está um exemplo do perfil de um profissional que estava mudando de carreira (do setor de caridade para o setor comercial) e que não estava funcionando muito bem:

> Tenho um forte histórico de trabalho em situações desafiadoras, em que compreendi e satisfiz as necessidades de diversas partes interessadas e apresentei resultados. As minhas forças estão na análise, no poder de persuasão e na liderança. Acredito que meu MBA desenvolveu ainda mais meu conjunto de habilidades de negócios, e me permitirá fazer uma contribuição significativa na exigente e rápida função de marketing que procuro. Sou um comunicador dinâmico que é sempre respeitado pelos membros das equipes em que trabalhei.

E um que estava em um currículo que garantiu uma entrevista:

> Tem MBA em marketing e dez anos de experiência de gestão de "marcas

do ramo de caridade". Tem ampla experiência na gestão de equipes internacionais com mais de trinta funcionários permanentes e voluntários, na gestão de programas de mudança vitais e na comunicação com as principais partes interessadas.

Como se pode ver no segundo exemplo, o candidato se posicionou com maior clareza. Ele explicou seu histórico ao leitor, destacando as habilidades relevantes para o trabalho ao qual estava se candidatando, e usou mais evidências do que a primeira versão.

Se você usar um perfil, sugerimos que ele tenha entre três e quatro linhas e que seja uma boa visão geral de você e das suas habilidades. Ele também deve destacar as habilidades específicas que você tem e que são identificadas como importantes para a função para qual aplicou. Pode ser uma boa maneira de garantir que o leitor não tenha dúvidas de que você atende a todos os requisitos essenciais que ele está procurando.

Use uma lista de tópicos para tornar o seu currículo fácil de ler em termos de experiência

Parágrafos longos são difíceis de entender, dificultando a identificação do que é experiência relevante.

Para tudo que colocar no seu currículo, pergunte a si mesmo — e daí?

Você precisa ser capaz de justificar tudo o que há no seu currículo dentro da sua própria cabeça, então quando adicionar um tópico à lista, pergunte a si mesmo: e daí? O que foi alcançado? A que essa ação levou?

Não há nenhuma regra que diga que você tem que mencionar todas as suas responsabilidades e realizações, então decida quais são mais relevantes para o trabalho ao qual você está se candidatando. Você pode ter vários currículos para diferentes aplicações de emprego para cuidar disso.

Se decidir incluí-los, o que os seus interesses dizem sobre você? Eventos que exigem resistência, como por exemplo maratonas, mostram persistência e resiliência. Embora os interesses não sejam critérios de recrutamento, isso pode fazer a diferença se houver candidatos semelhantes, e dá alguma indicação de como você pode se encaixar na cultura da empresa. Camilla estava entre as duas finalistas para um cargo no setor bancário e o gerente imediato eventualmente lhe ofereceu a função porque ela tocava violoncelo e ele também — ele disse que não havia nada que pudesse distinguir os dois candidatos, então pensou que ele e Camilla poderiam pelo menos ter algo em comum!

Os dois primeiros tópicos posicionam você

Certifique-se de priorizar os tópicos que lista, e tome um cuidado especial sobre quais tópicos virão primeiro, já que estes dois primeiros realmente posicionam você para o leitor.

A apresentação do seu currículo é importante

Quando você estiver preparando seu currículo em termos de layout, certifique-se de que:

- A fonte é legível (o tamanho não deve ser inferior a 10,5 pontos) e o layout é organizado, com bastante espaçamento. Tudo isto tornará o seu currículo muito mais fácil de ler;
- Está usando tópicos curtos e sucintos em vez de parágrafos de texto;
- Verificou a ortografia e pediu a um amigo exigente que lesse seu currículo e verificasse se havia erros ortográficos ou gramaticais;
- Se o seu currículo tiver mais de uma página, colocou o seu nome e detalhes de contato no rodapé de todas as páginas para que, se a página inicial se separar, a empresa ainda saiba como entrar em contato com você;
- Se você está levando uma cópia impressa do seu currículo para uma entrevista, usou um clipe, e não um grampeador, para juntar as páginas.
- Pesquisar se em sua localidade é comum anexar fotos em seu currículo (em algumas partes da Europa isso é comum, mas no Reino Unido não é recomendado anexar uma foto).

Seja sempre honesto

Nunca minta sobre sua experiência, suas qualificações ou qualquer outra coisa que colocou no currículo — já vimos muitos exemplos em que o que um candidato pensava ser uma mentirinha levou à revogação de uma oferta de emprego. Não vale a pena o risco, e qualquer mentira que for descoberta irá colocá-lo sob uma ótica negativa.

Seu currículo deve refletir você

Depois de ter escrito o currículo, faça uma leitura final e se certifique de que realmente parece que ele reflete você bem e que se sente confortável com ele. É o seu documento de divulgação, e por isso é importante que esteja satisfeito. Existem serviços de redação de currículo disponíveis no mercado, mas aconselhamos os nossos clientes a insistirem na tarefa de escrever os próprios currículos por algumas razões. Primeiro: o redator do currículo nunca conhecerá verdadeiramente você e a sua experiência tão bem quanto você mesmo, e uma pequena mudança de nuance por falta de compreensão pode ser importante. Em segundo lugar, os bons recrutadores podem muitas vezes identificar quando o currículo foi escrito segundo um formato determinado por outra pessoa (alguns podem até mesmo dizer qual empresa escreveu o documento), e muitas vezes não acham os resultados muito bons.

Use um endereço de e-mail profissional

Quando colocar o seu endereço de e-mail de contato no seu currículo, pergunte a si mesmo se o endereço em si parece profissional. Já vimos muitos que contém apelidos (muitas vezes quase inapropriados) e não dão a impressão certa. É muito fácil criar um novo endereço de e-mail; em caso de dúvida, use um com alguma versão do seu nome.

Pode ser necessário tentar várias vezes antes de escrever o currículo que você gostaria, mas vale a pena perseverar. Tenha em mente que você pode precisar de várias versões do seu currículo para os diferentes alvos de trabalho que está buscando.

CURRÍCULOS PARA PROFISSIONAIS QUE ESTÃO MUDANDO DE CARREIRA

As pessoas que mudam de carreira são tipicamente incapazes de mostrar experiência no campo em que pretendem entrar, de forma que é difícil depender de um currículo. Como você já deve ter lido na seção de networking, a maioria das oportunidades de mudança de carreira surgirá ao conhecer pessoas e propor usar suas habilidades para agregar valor à organização em questão.

Por exemplo, você não pode esconder o fato de que era professor e agora quer ser gerente de marketing, mas o que você pode fazer é mostrar muito claramente suas habilidades transferíveis.

Alguns especialistas de carreira, e na verdade alguns de nossos clientes, tiveram sucesso com currículos funcionais; é quando você declara suas habilidades transferíveis em um cabeçalho e, em seguida, lista as evidências dessas habilidades. Às vezes, isso não é possível, pois você pode ter tido vários empregos, caso em que pode querer listar suas habilidades transferíveis primeiro e, em seguida, fornecer um resumo cronológico reverso de seu histórico de emprego. A desvantagem dessa abordagem é que torna difícil para um empregador compreender onde no seu histórico de emprego as suas competências transferíveis foram adquiridas. Preferimos a abordagem mais direta de listar sua experiência na forma de um currículo cronológico reverso padrão, mas enfatizando claramente suas habilidades transferíveis em cada tópico.

Um ponto chave para o currículo de um profissional que muda de carreira é remover os jargões. Isto é especialmente verdade se você está tentando mudar para uma indústria ou função diferente, pois você precisará fazer com que o que fez até hoje seja compreensível para um novo público. Algumas organizações têm uma série de jargões internos que não são facilmente compreensíveis; se você os usa há algum tempo, pode não perceber mais, ou se está usando uma linguagem técnica específica, pode ser difícil estar fora desse campo. Em caso de dúvida, dê o seu currículo a alguém de fora da sua área e pergunte se o que faz está claro.

Capítulo 37
Usando mídias sociais para procurar emprego

As redes sociais vêm assumindo um papel cada vez mais importante na procura por emprego. Aqui abordaremos como gerenciar o seu perfil, as suas redes e a sua marca pessoal nas plataformas que consideramos mais úteis para que possa tirar o máximo de cada uma delas ao realizar a sua busca. É vital que você esteja ciente de sua presença online, assegurando que o que os potenciais empregadores podem ver é o que você gostaria que eles vissem. Jogue o seu próprio nome no Google e se certifique de verificar várias páginas de resultados. Todas as menções a você refletem a sua marca pessoal e o melhor de si? Sabemos de uma organização que encontrou algumas fotografias e posts preocupantes na décima primeira página de uma pesquisa do Google e, após certa discussão, retirou a sua oferta de emprego. Quais fotos estão disponíveis de modo público em seu feed do Facebook ou do Instagram? Elas levantarão alguma questão sobre sua "adequação" ou seu "comportamento apropriado para o negócio"? Assim como você gasta tempo para aperfeiçoar seu currículo, também faz sentido garantir que a sua presença nas redes sociais seja reflexo de seu melhor da perspectiva do empregador.

TWITTER

O Twitter pode ser uma ferramenta útil para acompanhar as empresas e os líderes da indústria em que você está interessado. Muitas vezes, tanto as empresas quanto os especialistas da indústria contam aos seus seguidores sobre os empregos disponíveis, mas igualmente valiosa é a oportunidade de se manter atualizado sobre a área em que quer entrar. Isso é muito útil para entrevistas, e o ajuda a parecer conhecedor e pertencente ao meio — crucial se quiser mudar de carreira.

Por exemplo, se você estivesse procurando um cargo em sustentabilidade no Reino Unido ou nos EUA, alguém que você deveria seguir seria Shannon Houde, @walkoflifecoach; ela é uma especialista em carreiras nessa área, dá uma visão útil sobre o setor e, às vezes, sinaliza empregos. Você pode descobrir que construir um relacionamento com um contato pelo Twitter pode fazer com que ele aceite um e-mail ou um pedido de amizade no LinkedIn. Você pode fazer isso retuitando postagens e comentando suas atualizações. Seja sempre construtivo em quaisquer comentários — mesmo que não concorde com alguém, ninguém gosta de se sentir atacado. Em termos de perfil, certifique-se de que o seu é profissional e que você incluiu palavras-chave profissionais em sua biografia.

LINKEDIN

O LinkedIn surgiu como uma ferramenta importante para o candidato a emprego; é crucial para qualquer pessoa que queira desenvolver a sua carreira, bem como para as empresas em termos de desenvolvimento de negócios e networking. A Social-Hire (www.social-hire.com) é uma agência de marketing de mídia social para a indústria de recrutamento; a experiência consistente de seu fundador, Tony Restell, tem sido que a mídia social surgiu como um canal importante para as empresas que querem recrutar — tanto como um meio de pesquisar e abordar candidatos-alvo quanto de atraí-los. Sua experiência é que as empresas veem o recrutamento nas mídias sociais como um método de custo relativamente baixo quando comparado com outros caminhos de divulgação, como feiras profissionais ou agências de recrutamento; também é muito mais fácil para eles terem grande alcance e acesso aos candidatos de que precisam usando este método. Além disso, a Social-Hire viu o poder e o alcance dos programas de referência internos serem consideravelmente reforçados pela alavancagem nas redes sociais. Cada vez mais empresas têm grandes equipes internas de recrutamento e incentivam seus funcionários a encontrar novos empregados. A popularidade dessa rota direta para a contratação é provavelmente decorrente do fato de que é improvável que funcionários recomendem alguém a menos que eles saibam a qualidade do seu trabalho ou se sintam confiantes de que eles combinariam com a organização. É claro que a empresa também reduz os custos de recrutamento ao não precisar de uma agência de recrutamento. Portanto, é importante expandir seu networking em todas as oportunidades, de modo a aumentar a probabilidade de ser encaminhado internamente para um cargo por um funcionário de uma firma para a qual você deseja trabalhar. O que significa isto para você? Significa que você precisa ter um perfil forte nas mídias sociais para tirar proveito do uso crescente delas no processo de contratação. É particularmente importante aumentar o tamanho da sua rede de contatos e otimizar a redação da biografia do seu perfil.

As características do LinkedIn mudam; por isso, em vez de lhe dar detalhes técnicos de como usar as ferramentas, vamos nos concentrar no mínimo que você precisa ter.

- Fotografia profissional: tipicamente, uma foto de perfil profissional, vestindo roupas sociais;
- Cabeçalho que o represente corretamente, mostrando seus pontos fortes. Por exemplo: se você fala mais de um idioma ou se tem especialização em uma determinada área;
- Um resumo baseado no que você já realizou;
- Destaques de suas realizações na parte de histórico de carreira;
- Breve descrições das empresas para as quais trabalhou — ou, caso tenha sido uma grande empresa, da divisão em que trabalhava;

- O link do LinkedIn editado, fornecendo um link simples para o seu perfil, que você pode usar em sua assinatura de e-mail;
- A lista de grupos de interesse aos quais você se juntou, o que será útil para o networking;
- Conexões com antigos colegas, fornecedores, superiores, amigos da faculdade, amigos da escola, amigos da família e familiares;
- Inscrições para acompanhar empresas e/ou pessoas nas quais você está interessado para ganhar conhecimento sobre o setor.

De maneira crucial, tenha certeza de que seu perfil tem as palavras que os recrutadores estão realmente procurando (ou seja, que ele foi otimizado em relação às palavras-chave). Você pode fazer isso procurando anúncios de vagas para os cargos que gostaria de conseguir. Então se assegure de que as palavras que vê para descrever o que eles estão procurando sejam incorporadas o máximo possível ao seu perfil. Você precisa que seu perfil seja lido profissionalmente, e não como uma lista confusa de palavras-chave, mas, a menos que ele tenha as palavras que os recrutadores estão realmente usando para pesquisar, é improvável que você seja encontrado. Se quer ser visto como um "especialista" na sua área, o LinkedIn oferece a oportunidade de postar textos de blog em uma plataforma própria. Isso significa que suas postagens podem ser vistas por todos os seus contatos. Certifique-se de que na área de "comunicações", em "configurações", você ative o recebimento de "menção na mídia". Ao seguir as pessoas com quem quer construir relacionamentos, você pode comentar e republicar o conteúdo delas.

OUTRAS CONSIDERAÇÕES SOBRE MÍDIAS SOCIAIS

Há outros sites de mídia social onde você pode replicar o perfil que você tem no LinkedIn. Vale a pena preencher seu perfil na parte de "trabalho e educação" e "localização" no Facebook, pois alguns empregadores usarão esta rede para publicar anúncios de emprego destinados a grupos específicos de candidatos. Se você está em uma área criativa, considere fazer um perfil profissional em sites mais criativos, como o Instagram e o YouTube. A melhor maneira de descobrir em quais mídias sociais você precisa estar é ver onde suas empresas alvo e principais influenciadores têm presença ativa.

Quando você estiver atualizando seu perfil de mídia social, certifique-se de "desativar" suas notificações de atualização para evitar que todos os seus contatos sejam alertados quando você alterar uma palavra. Construir seu perfil de mídia social leva tempo e comprometimento; ferramentas como o Hootsuite e o Buffer (ambos têm versões gratuitas) são muito úteis na hora de programar publicações com antecedência. Embora escrever conteúdo original seja útil na construção da sua credibilidade, fazer curadoria de conteúdo existente e depois compartilhar é valioso na construção da sua experiência. Finalmente, mantenha-se atualizado! Há novos caminhos nas mídias sociais surgindo constantemente — garanta estar se mantendo atualizado.

Capítulo 38
Entrevistas

"Faço da melhor maneira com que sou capaz — o melhor
que posso; e quero continuar fazendo assim até ao fim."
ABRAHAM LINCOLN

Tudo correu como planejado, sua carta de apresentação e o seu currículo foram convincentes e você foi chamado para uma entrevista. Infelizmente, entrevistar não é uma ciência exata. Poucas pessoas algum dia foram treinadas para conduzir entrevistas, e você pode acabar esbarrando em alguém que só fala sobre si mesmo e dificilmente lhe faz uma pergunta, ou em alguém que tem uma lista de perguntas que quer fazer, mas não tem um sentido real para fazê-las. Com frequência, vai ajudar bastante se você considerar que é seu dever fazer o trabalho do entrevistador por eles. Se você sabe as habilidades e competências que eles estão procurando, destaque-as em suas respostas em vez de esperar que o entrevistador pergunte sobre elas. Cabe a você passar a sua mensagem. Nem todas as entrevistas são sobre a definição da pessoa para a vaga — as primeiras entrevistas podem ser apenas para eliminar candidatos inadequados ou para reduzir o número de candidatos a um número gerenciável para ser introduzido ao superior que vai decidir sobre quem fica com o emprego. Saber a finalidade da sua entrevista e a que fase do processo ela corresponde pode ser útil para estruturar as suas respostas. Ao longo dos anos, vimos os entrevistados caírem em algumas armadilhas comuns, que podem fazê-los perder pontos em sua busca por emprego. Estabelecemos abaixo algumas dessas armadilhas e alguma etiqueta para entrevistas, na esperança de que você possa evitá-las e se mostrar como um candidato de primeira.

Há uma abundância de livros sobre criação da própria marca se você quiser alguns conselhos detalhados sobre esta área, mas a chave é pensar cuidadosamente sobre como você se apresenta. Vimos muita gente mais nova cair na armadilha de não parecer profissional o bastante, e muita gente mais velha que que parece ultrapassada e presa no passado! Sua aparência afetará o que você sente sobre si mesmo, e vai definir se você irradia ou não confiança. Como regra geral, recomendamos que erre para menos, se vestindo de maneira mais conservadora — a menos que esteja indo para uma entrevista na área criativa. Para as mulheres, "vestir-se para uma entrevista" é um pouco mais complicado, uma vez que têm que parecer profissionais, mas também "atuais", talvez usando um acessório ou dois para mostrar um pouco de individualidade. A coisa mais importante é que você inspire confiança. Unhas ou sapatos descuidados pouco contribuem para promover essa imagem; é mais importante que você seja lembrada pelo que diz, e não pelo que usa.

Vale começarmos pelas coisas óbvias. Já abordamos essa questão anteriormente na parte sobre as entrevistas informativas, e é a mesma coisa para as entrevistas de emprego. Chegue na hora marcada. Chegar a tempo é vital — mesmo chegar atrasado por causa do trânsito não cola. E sabemos que provavelmente é um exagero falar isso, mas se você usar o banheiro antes da entrevista, sempre lave as mãos antes de sair. Ao longo dos anos, temos ouvido muitos entrevistadores se queixarem (particularmente os homens!) de que acabaram de ver alguém não lavar as mãos e sabem que vão ser os próximos a apertar-lhes a mão. Na recepção do escritório, muitos candidatos conversam inapropriadamente em seu celular e são ouvidos pelo entrevistador. Na recepção, você pode aprender muito sobre uma empresa. Qual é a atmosfera? É otimista e positiva? Os funcionários parecem felizes e engajados, ou parecem que estão só esperando a morte virar a esquina? Esse também é um espaço onde as pessoas podem aprender sobre você, então aproveite o tempo e seja simpático com a recepcionista, pois as primeiras impressões contam.

PRIMEIRAS IMPRESSÕES

As primeiras impressões são incrivelmente importantes e, logo nos primeiros segundos de um encontro, os entrevistadores criam uma impressão de você — assim como você, quando é apresentado a alguém. É importante tentar ser você mesmo, tanto quanto possível, nas entrevistas, para que o entrevistador possa realmente avaliar se você será uma boa opção para uma determinada função. Se você é introvertido, não tente parecer extrovertido e amante de festas. Um recrutador não está apenas procurando alguém com as habilidades e experiências certas para uma função, mas também está à procura de uma boa combinação para a equipe e o ambiente aos quais a pessoa vai se juntar. Embora possa parecer contraintuitivo, tente evitar ter a mentalidade de que é mais importante receber qualquer oferta de emprego do que uma oferta do emprego *certo* — você pode acabar querendo dar um soco em si mesmo caso aceite o emprego errado, na equipe errada.

A preparação antes de uma entrevista é vital e lhe dará uma vantagem — não dê apenas uma olhada rápida no site da empresa (todos terão feito isso). Quem são os competidores dela? O que ela disse em seu comunicado mais recente à imprensa? É relevante? Que tendências você tem notado na indústria? Você pode querer fazer uma análise SWOT (forças [*Strengths*], fraquezas [*Weaknesses*], oportunidades [*Opportunities*] e ameaças [*Threats*]) sobre a indústria, empresa ou seu principal produto. Criar uma relação com o entrevistador é sempre útil — somos todos humanos e, se gostamos da pessoa que está sentada à nossa frente, é mais provável que estejamos bem-dispostos com ela. Como você pode fazer isso? Faça contato visual: parece que algumas pessoas que entrevistamos olham para quase qualquer outro lugar, menos para nós! Sorria, não todo o tempo; use o seu bom senso — sorrir quando você está falando sobre cortes na equipe não faz sentido — e se envolva com a pessoa com quem você está falando sorrindo nos momentos apropriados. Tente combinar os estilos de conversação; se o entrevistador for muito direto, tente ir de acordo e faça com que as suas respostas sejam mais sucintas e claras. Se ele tende a contar mais detalhes de uma história quando está falando, tente fazer o mesmo. Não assuma que a pessoa que vai entrevistá-lo leu o seu currículo ou foi informada sobre as suas capacidades. É importante criar oportunidades para se vender e destacar por que você e sua experiência anterior são fundamentais para a função. Não presuma que, por estar no seu currículo, o entrevistador saberá que você é perfeito para o trabalho.

A entrevista é uma via de mão dupla. Depois de fazer todo o trabalho árduo para estabelecer o que você está procurando na sua próxima função, tenha isso em mente quando for entrevistado. Esse é mesmo o cargo para você? Você é capaz de trabalhar nesse ambiente? Também é importante que escute o entrevistador e demonstre interesse fazendo perguntas que surgirem sobre a descrição do cargo ou da empresa. Você pode muito bem identificar potenciais problemas que eles estão enfrentando e que poderiam ser resolvidos por experiências que você tem. Pode parecer óbvio, mas a sua atitude durante a entrevista pode, muitas vezes, determinar o resultado dela. Se você entrar na entrevista com a convicção de que será chamado para a próxima, ou que o emprego lhe será dado, é muito mais provável que seja bem-sucedido. Se você vai achando que é improvável passar, adivinhe... Provavelmente você tem razão.

QUESTÕES GERAIS

Embora você não possa se preparar de antemão para todas as perguntas que podem lhe fazer, vale a pena estar preparado para algumas das mais comuns:

- Fale sobre você/apresente o seu currículo.
- Por que está se candidatando?

- Por que você é o melhor candidato para esta vaga?
- Por que quer sair do seu emprego atual?
- Se eu ligasse para o seu superior para pedir uma referência, o que ele diria?
- Por que devemos contratar você?
- Quanto tempo vai demorar para contribuir com a empresa?
- Quais são seus interesses além do trabalho?
- Qual foi a sua maior conquista na sua última função? E na sua vida?
- Qual é a sua maior fraqueza?
- O que sabe sobre nós?

Uma das primeiras perguntas que lhe podem fazer é: "Então, fale sobre você". Essa é a sua chance de se vender e de entregar um resumo claro e articulado de quem é. É muito fácil cair na armadilha de falar demais, mas um resumo sucinto é essencialmente a sua oportunidade de falar sobre você mesmo de uma forma envolvente e positiva — em inglês, *elevator pitch* (ou "resumo de elevador") é o resumo que você pode dar no tempo que leva para ir do térreo ao último andar de um prédio usando o elevador.

Assim como acontece com o seu currículo, é útil começar pela sua formação e seguir em frente falando sobre a sua carreira, explicando por que tomou as decisões que tomou (por que fez o seu curso universitário, entrou em uma determinada carreira etc.). Se viu um anúncio ou especificação para o trabalho para o qual está sendo entrevistado, você terá uma lista das principais habilidades e competências que são necessárias. Quando estiver falando sobre sua carreira até o momento, tente destacar essas habilidades e experiências para deixar claro que tem o que eles estão procurando. Lembre-se de atualizar o recrutador e explicar por que você está procurando uma nova função e por que está interessado naquela função em particular.

Liste abaixo o que você acha que são seus três USP (*Unique Selling Points*) e pratique como abordá-los durante o seu resumo de elevador:

1
2
3

Você *vai* encontrar perguntas difíceis de responder. Tenha em mente que às vezes o entrevistador está interessado em *como* você responde às perguntas —quando você não sabe a resposta e também quando você sabe! Você consegue se virar?

Se há uma pergunta em particular que você realmente não quer responder (por exemplo, por que você não foi para a universidade, por que deixou um emprego etc.), vale a pena ter uma resposta preparada com a qual esteja razoavelmente satisfeito. Normalmente, quando você está preparado, a pergunta nunca surge; e, quando não está, pode ter certeza que ela vai dar as caras. Também já vimos muitas pessoas tentando fazer malabarismos diante de coisas que querem evitar, mas curiosamente acabam falando durante muito mais tempo sobre a única coisa que não querem destacar sobre seu currículo. Esteja preparado e será muito mais fácil.

É sempre melhor ser honesto, mas otimista e positivo. A maioria das pessoas teme a última pergunta: "Qual é a sua maior fraqueza?" Seja honesto (recrutadores ficam entediados com respostas pré-prontas como "sou perfeccionista"), mas escolha algo que não seja inaceitável; você não quer jogar no lixo sua chance de conseguir o emprego! Escolha algo em que esteja trabalhando ou que tenha melhorado recentemente. Por exemplo, uma habilidade de apresentação na qual poderia dizer estar trabalhando ativamente, usando como prova o fato de ter procurado uma organização de oratória pública (desde que você realmente tenha!) para que pudesse praticar essa habilidade regularmente.

Dedique algum tempo para responder a perguntas que lhe parecerem difíceis — é muito melhor dedicar alguns minutos para organizar seus pensamentos do que se apressar e dar uma resposta mal pensada, ou correr o risco de dar uma resposta que se prolongue por muito tempo e seja desestruturada. Você pode ganhar algum tempo respirando fundo, fazendo a "pose de pensamento" (na qual faz uma expressão de quem está pensando) ou usar frases como "estou pensando sobre o melhor exemplo disso" para preencher o silêncio. Muitas vezes nos perguntam por quanto tempo deve-se falar ao responder a uma pergunta e, como regra geral, entre dois e três minutos por resposta é provavelmente tempo suficiente. Se a sua resposta for necessariamente mais longa, fique de olho no entrevistador e observe se ele ainda está acompanhando — caso não tenha certeza, divida a resposta em partes e pergunte se ele tem alguma dúvida. Evite os jargões e mantenha sua fala clara e simples — ser técnico demais ou entrar em muitos detalhes pode significar enfraquecer seus argumentos principais.

PERGUNTAS BASEADAS EM COMPETÊNCIAS

Muitas empresas, particularmente as grandes, recrutam com base em competências. Perguntamos a Elizabeth Bird, uma especialista em recrutamento, que conselhos ela daria para quem estivesse se preparando para este tipo de entrevista. Elizabeth tem vasta experiência em atrair, avaliar e selecionar recém-formados, profissionais saídos do MBA e outros com alto nível de experiência para contratações em uma variedade de organizações de grande porte, incluindo a Arthur D. Little e a Shell International, dando assessoria em técnicas de recrutamento, habilidades de entrevista e atração dos melhores talentos. Esse é o conselho dela:

> As entrevistas baseadas em competências (CBI, *Competency-Based Interviews*) são predominantes nos processos de seleção e, no entanto, pela minha experiência conduzindo milhares delas, pouquíssimas pessoas vão para elas bem preparadas. Para esclarecimento, essas são as entrevistas que se concentram em questões que avaliam a competência relevante para uma função, como por exemplo:
>
> - Liderança;
> - Habilidades de comunicação;
> - Trabalho em equipe.

A premissa das CBI é que o comportamento tido no passado é o melhor indicador do comportamento futuro (tendemos a nos comportar de maneira semelhante em situações semelhantes, a menos que tenhamos tido uma intervenção forte que mude esse comportamento). O objetivo de tal entrevista é, então, obter evidências do candidato para entender como ele se comportou durante um evento específico no passado, a fim de determinar se seus comportamentos estão alinhados com os requisitos do cargo, da cultura e dos valores da empresa. Você pode dizer se uma pergunta é baseada em competência se ela faz referência ao seu passado — assim, ela pode começar com as palavras: "Conte sobre uma ocasião em que..." ou "Descreva uma situação em que...".

Há duas razões principais pelas quais os candidatos vão mal em uma entrevista baseada em competências. No primeiro caso, o candidato (provavelmente) tem a experiência, os comportamentos e os valores relevantes, mas escolhe o exemplo errado para ilustrá-los. Isso pode acontecer porque o candidato não presta a atenção devida na pergunta ou porque, pior ainda, tenta encaixar o exemplo "preparado" com antecedência em qualquer pergunta que seja feita. Ou o candidato não considerou *por que* a pergunta está sendo feita e o que o entrevistador está querendo obter com a resposta. Como consequência, fala de um exemplo que não tem profundidade, na melhor das hipóteses, além de provavelmente ser irrelevante.

No segundo caso (e para a frustração do entrevistador), o candidato tem experiências relevantes e um potencial exemplo excelente, mas tem problemas para externalizar a informação apropriadamente. Esse é o candidato que perde o foco, fala demais e dá muita informação imaterial. Esse é também o candidato que subestima a própria contribuição, não reconhecendo o valor da própria participação no caso e não conseguindo expressar o que fez e, mais importante, *como* o fez.

Meu conselho a respeito da preparação para a entrevista como candidato é começar conhecendo a si mesmo, suas habilidades, como você se comportou em situações específicas e que valor você agrega. Só então você será capaz de articular seus valores e comportamentos de forma clara e estruturada.

Ao longo dos anos de entrevistas com candidatos de todos os níveis, surgiram algumas tendências sobre por que os candidatos não são bem-sucedidos durante as entrevistas baseadas em competências. Aqui estão as minhas recomendações do que fazer e não fazer em entrevistas de competência comportamental:

Fazer:

- Preparar exemplos de competências comportamentais;
- Ouvir a pergunta (pedindo para que ela seja repetida ou reformulada, se necessário);
- Levar o tempo necessário para pensar antes de responder a uma pergunta;
- Considerar por que a pergunta foi feita e selecionar o exemplo mais apropriado;
- Falar sobre sua própria contribuição pessoal e sobre como você se comportou;
- Use as oportunidades oferecidas para se "vender" para a função — certifique-se que não está subestimando o que fez.

Não fazer:

- Fornecer respostas vagas e não específicas;
- Falar demais e fornecer informações irrelevantes;
- Inventar ou exagerar exemplos (um bom entrevistador vai perceber!);
- Falar em termos de "nós" (o foco deve ser em "eu" durante as entrevistas de competência comportamental).

Verificámos que o formato *STAR(R)* é muito eficaz para dar uma resposta completa a este tipo de questões, razão pela qual utilizamos este formato no exercício de competências da Parte II.

S — Que *situação* foi essa?
T — Qual era a *tarefa* que você tinha que realizar?
A — Qual foi a *ação* que você tomou?

R — Qual foi o *resultado* que você obteve?

(R) — No caso de certas respostas, também pode ser útil *refletir* sobre o que você aprendeu na situação ou falar sobre as *relações* com as quais lidou.

Algumas competências são específicas para a função e outras para a empresa. É provável que um recrutador tenha uma lista das competências nas quais trabalhará na entrevista, tentando reunir evidências de cada uma delas. A especificação do cargo frequentemente detalha aquelas que estão sendo buscadas. Às vezes, as competências específicas da empresa podem ser encontradas no site da companhia, por exemplo em uma lista de "valores essenciais" ou em uma declaração de missão. Uma vez que você tenha uma ideia das competências que precisará demonstrar, consulte os resultados do exercício de habilidades na Parte II. Decida quais exemplos demonstrariam melhor as competências que você acha que o empregador está procurando. O conhecimento que você adquire sobre si mesmo a partir do exercício tornará muito mais fácil responder até mesmo às perguntas mais improváveis baseadas em competências.

ENTREVISTAS BASEADAS EM PONTOS FORTES

Um tipo de entrevista que você pode encontrar, particularmente a nível de pós-graduação, é aquele baseado em forças. Também estamos vendo esse tipo de entrevista ser utilizado cada vez mais para vagas de níveis mais seniores. É um tipo que também beneficia o candidato, já que as perguntas são elaboradas para descobrir o que você gosta de fazer e faz bem — para ter certeza de que você vai gostar do trabalho, ter um bom desempenho e se encaixar na companhia. Suas origens vêm de empresas que percebem que aqueles que gostam do que fazem são mais propensos a terem melhor desempenho e serem mais produtivos no trabalho. Os empregadores gostam dela porque é mais difícil para o candidato se preparar para elas, o que torna menos provável que o entrevistador receba respostas padronizadas. No entanto, você precisa tentar se preparar. Você pode fazer isso considerando como suas preferências combinam com o tipo de trabalho oferecido e com os valores da organização. Os exercícios que fez na primeira metade do livro são muito importantes para lhe dar evidências disso. Essas respostas são mais difíceis de falsificar, pois sua linguagem corporal ou inconsciência nas respostas podem lhe denunciar. Esteja ciente de que, quando lhe perguntarem o que não gosta de fazer, isso irá conduzir naturalmente às suas fraquezas, por isso tenha cuidado sobre como elabora sobre elas.

Aqui estão alguns exemplos de perguntas baseadas em pontos fortes que podem ser feitas a você:

- Quais tipos de trabalho você acha fácil?
- Quais tipos de trabalho você acha difícil?
- Qual você acha que é a sua maior conquista, e como chegou nela?
- Como você diria que é um dia de sucesso?
- Quais eram as suas matérias favoritas na escola?
- Quais atividades lhe dão energia?
- Como um amigo próximo descreveria você a um estranho?
- O que você gosta de fazer no seu tempo livre?

Tente entrar na entrevista o mais relaxado possível e seja você mesmo. Se você for rejeitado, então é muito provável que não fosse combinar com a função e com a organização de qualquer maneira.

PERGUNTAS PARA VOCÊ FAZER

Crucialmente, como dissemos na Parte III, as perguntas que você faz são uma forte indicação de quanta pesquisa fez e do quão a sério você está levando a entrevista. Não faça perguntas que possam ser respondidas com uma pesquisa na internet, encontre perguntas que sejam mais subjetivas.

- Exemplos de perguntas são:
- Por que aquela vaga está aberta?
- Por que você entrou nessa empresa?
- Qual seria a minha primeira tarefa?
- Quais são os planos de desenvolvimento para a função/departamento?

- Na sua opinião, quem serão os concorrentes da empresa no futuro?
- A quem vou reportar?

Se você está no início do processo de entrevista (a maioria das empresas vai fazer mais de uma entrevista para recrutar para uma função), faça perguntas que lhe darão uma visão adicional sobre a qual se basear em entrevistas subsequentes. Isso vai lhe dar uma vantagem em relação a candidatos, pois você vai parecer mais experiente.

Tammy era recrutadora em um banco de investimento e diz que as perguntas feitas pelos candidatos ao final do processo de entrevista eram tão importantes quanto as perguntas que respondiam durante o processo, pois demonstravam o nível de pesquisa que um candidato tinha feito e se ele estava levando a sério a empresa e o cargo.

ERROS COMUNS DE ENTREVISTA

Descobrimos que os mesmos erros se repetem à exaustão. Os principais são:

- Não fazer pesquisa suficiente sobre a empresa ou sobre a indústria como um todo. Isso demonstra falta de interesse e entusiasmo;
- Não ouvir a pergunta ou responder a uma pergunta que você gostaria que o entrevistador tivesse feito. Isso pode funcionar para políticos, mas não vai funcionar em uma entrevista de emprego;
- Fornecer informação demais. Tente se certificar de que a informação que está dando é relevante, sucinta e direta ao mesmo tempo em que destaca as partes importantes da história;
- Negociar o salário antes de passar na vaga;
- Criticar o empregador atual ou anteriores;
- Focar apenas no que você vai tirar da função (promoção, salário mais alto etc.) — o foco deve estar no que você pode fazer pela empresa;
- Destacar as suas fraquezas quando essa pergunta não é feita.

CENTROS DE AVALIAÇÃO

Os centros de avaliação são normalmente utilizados para testar e observar grupos de candidatos para ver se correspondem aos requisitos da(s) vaga(s) aberta(s). Eles são comumente gerenciados por profissionais experientes que fazem isso com frequência, e você será informado com antecedência sobre o que esperar. Entrevistas, questionários de personalidade, dinâmicas em grupo, apresentações individuais, dramatizações e exercícios de simulação (que requerem que o candidato mostre como lidaria com itens típicos da rotina de trabalho em questão e são utilizados para avaliar a forma como dão prioridade, planejam, delegam e tratam as comunicações, memorandos etc.), bem como os testes de raciocínio numérico e verbal, são os principais instrumentos de seleção utilizados nos centros de avaliação. Você não pode praticar para dinâmicas de grupo e testes de personalidade. É melhor ser você mesmo e não tentar adivinhar o que eles querem. Você pode praticar para testes de raciocínio numérico e verbal, dando a si mesmo uma melhor chance de obter uma pontuação mais alta no dia do teste. Se tiver interesse em praticar, pode visitar os sites de centros de carreira universitários, que muitas vezes disponibilizam amostras online. Se você tem um MBA, pode revisitar o que fez na preparação para o teste GMAT. Esses testes são muito semelhantes em conteúdo aos testes de nível de gerenciamento que você provavelmente encontrará. Os fornecedores de testes frequentemente têm exemplos que você pode fazer para ajudá-lo a aumentar sua confiança e obter alguma prática — a SHL por exemplo, tem um site útil que você acessa em www.cebglobal.com/shldirect/en/practice-tests.

Em relação a outros tipos de exercícios oferecidos por centros de avaliação, a dica mais importante é "seja você mesmo" — você quer ser avaliado sobre quem é, não sobre quem acha que deveria ser.

AS DEZ ARMADILHAS MAIS COMUNS NUM CENTRO DE AVALIAÇÃO

Pedimos a um grupo de especialistas de centros de avaliação que partilhassem os erros que veem com frequência:

1. Ignorar informações importantes dadas nas instruções iniciais

Lembre-se de levar toda a documentação relevante com você para o centro de avaliação; levar toda papelada certa no dia poupa tempo, dinheiro e irritação de todas as partes e você ainda deixa uma boa primeira impressão. Por exemplo, você pode ser solicitado a trazer uma cópia do seu passaporte e recibos de despesas de viagem. Além disso, não se esqueça de verificar se precisa fazer alguma tarefa prévia como preparação para a atividade do dia.

2. Chegar atrasado

O que chegar atrasado para o início da avaliação diz sobre sua capacidade de se organizar em um trabalho? Planeje a sua viagem e se certifique de que terá tempo suficiente para chegar ao local.

3. Preocupar-se demais com seu desempenho

Os avaliadores querem ver como você se comporta normalmente, e farão tudo o que puderem para ajudá-lo a relaxar e desfrutar da experiência, para poder observar o "verdadeiro você". Tente se envolver plenamente em todas as atividades de avaliação e assumir papéis que lhe são naturalmente familiares. Por exemplo, em uma dinâmica de grupo, os candidatos costumam se voluntariar para fazer anotações ou escrever no *flipchart* para "fazer alguma coisa", sem perceber que isso tem o potencial de removê-los da discussão ou do envolvimento com o grupo. Só se ofereça para assumir o papel se você tiver a capacidade de usar essa oportunidade para ajudar a moldar ou facilitar a discussão.

4. Esquecer de se comportar adequadamente fora dos exercícios

Lembre-se de que você pode estar sendo observado a qualquer momento durante o processo de avaliação. Preste atenção ao que fala no tempo livre, tentando puxar assunto, e sempre questione o quão apropriado pode ser o tópico da conversa. Tente se envolver com os outros candidatos e evite ser seletivo sobre com quem você se relaciona.

5. Fazer comentários negativos sobre o processo e as simulações

Criticar abertamente o processo quando os avaliadores estão avaliando seu desempenho tem o potencial de mostrar certa ingenuidade da sua parte. É provável que peçam que avalie o processo do centro de avaliação no final do dia, e essa é a sua oportunidade de criticar construtivamente a sua experiência.

6. Ler as instruções do exercício apenas superficialmente

Os candidatos que prestam pouca atenção às instruções de qualquer exercício tendem a perder detalhes importantes e a ter um desempenho menos eficaz do que os outros. É fácil se distrair em um centro de avaliação, mas lembre-se de ler atentamente as instruções dos exercícios.

7. Usar mal o tempo de resolução do exercício

Os avaliadores frequentemente começam uma dramatização ou apresentação e há candidatos que ainda estão fazendo anotações ou anotando em *flipcharts*. Isso sugere que não encararam as instruções tão literalmente quanto fariam no mundo real e, por isso, acham que terão tempo extra para terminar o exercício. Em uma situação real, se seu chefe der uma hora para preparar uma apresentação para um cliente, você nem sonharia em pedir a ele ou ao cliente para esperar alguns minutos enquanto eles entram na sala; você garantiria que tudo estaria pronto para a apresentação no horário certo.

8. Tentar adivinhar o processo do centro de avaliação

Ocasionalmente, candidatos tentam ser espertinhos, tentando adivinhar o que os avaliadores querem ver — por exemplo, presumindo que estão à procura de um líder quando é mais provável que estejam à procura de alguém que saiba trabalhar em equipe. Isso pode ser um grande erro, pois você normalmente vai agir de maneira falsa e não vai mergulhar totalmente na situação. Tentar adivinhar o processo limita a sua capacidade de se sair bem e, na realidade, é muito provável que você entenda errado a situação, total ou parcialmente. A abordagem inteligente é apenas fazer o que lhe é pedido nas instruções.

9. Executar uma "performance" diante dos avaliadores

Lembre-se de que você não está no programa *O Aprendiz*! Uma armadilha na qual candidatos frequentemente caem é criar uma "performance" para agradar os avaliadores. Por exemplo, em uma dinâmica de grupo, você pode tentar descobrir qual avaliador está avaliando você e criar uma performance específica para ele. Os avaliadores frequentemente observam os candidatos que dão contribuições destinadas tanto a eles quanto ao resto do grupo. É improvável que isso melhore o seu potencial de desempenho. Lembre-se de que uma dinâmica de grupo é projetada para avaliar a eficácia com que você se envolve em uma tarefa como parte de uma equipe.

10. Protelar em um exercício de avaliação

Se as instruções de exercício lhe pedirem para lidar com um problema, é porque os avaliadores querem vê-lo lidar com o problema. Muitos candidatos optam por discutir um pouco, superficialmente, mas depois sugerem uma reunião em uma data posterior, o que obviamente não vai acontecer. Os avaliadores não podem usar evidências de uma futura conversa hipotética, portanto, aproveite a oportunidade para demonstrar o que você pode fazer para obter o benefício do seu melhor desempenho.

PAINÉIS DE ENTREVISTAS

Ocasionalmente, você pode ter que enfrentar vários entrevistadores (geralmente três ou quatro) ao mesmo tempo. Isto é particularmente comum em entrevistas para o setor público, e normalmente vão lhe dizer que esse é o caso antes da entrevista. Se for sua primeira vez enfrentando um painel, pode ser assustador, mas todos mundo está no mesmo barco. Ao se dirigir à pessoa que fez a pergunta, é importante incluir todo o painel de entrevistadores na sua resposta, olhando para eles enquanto responde para que se sintam incluídos — como se estivesse contando uma história aos seus amigos, mas quisesse impressionar mais uma pessoa do que as outras!

Pode ser que um dos entrevistadores faça perguntas realmente difíceis e outra faça perguntas fáceis — essa brincadeira de avaliador bonzinho/malvado é pensada para abalar as suas estruturas. Tente manter a calma. Lembre-se de que você foi convidado para a entrevista porque pensaram que você era um candidato forte para a vaga, caso contrário não teriam desperdiçado seu tempo ou o deles — e estão fazendo a mesma coisa com todos os candidatos.

ENTREVISTAS POR TELEFONE

Cada vez mais as entrevistas são realizadas inicialmente por telefone, para economizar custos e tempo. Recomendamos o seguinte:

- Se possível, certifique-se de que você está em um telefone fixo e em um local tranquilo, para garantir que não haja problemas com o sinal ou distrações de ruído de fundo;
- Varie o tom e o ritmo da sua voz para aumentar o interesse;
- Diga ao entrevistador caso precise de algum tempo para pensar em uma resposta. Como já dissemos, frases como "Vou pensar no melhor exemplo disso" são boas para preencher o silêncio enquanto lhe dão algum tempo para pensar;
- Alguns candidatos acham que ficar de pé ou falar diante de um espelho dá mais *gravitas* à sua voz. Parece um pouco estranho, mas pode funcionar!

CARTAS DE ACOMPANHAMENTO

> "O menor ato de bondade vale mais do que a melhor das intenções."
>
> Oscar Wilde

Depois de qualquer reunião, recomendamos que escreva uma breve carta de acompanhamento, mas depois de uma entrevista ela é particularmente poderosa. Essa carta pode reiterar por que você acha que é a pessoa certa para o trabalho. Muitas vezes, depois de uma reunião, você pode pensar "eu gostaria de ter dito isso" ou "eu me pergunto se estão preocupados com isso ou com aquilo". Ao escrever uma carta de acompanhamento, você se dá a oportunidade de refletir e abordar essas questões. Isso demonstra interesse no trabalho e dá a impressão de que você será profissional no acompanhamento dos clientes. Manter-se em contato com a empresa, mesmo que não tenha sucesso em conseguir a vaga, é uma boa forma de se manter no radar, uma vez que a pessoa escolhida como primeira opção pode recusar a vaga, a contratação pode não dar certo, ou — como no caso de Louise — uma nova oportunidade pode ser aberta pela empresa.

> Louise se inscreveu para receber alertas de emprego da Guardian Jobs (plataforma online). Isso a levou a se candidatar a um cargo para o escritório da região Norte de uma instituição de caridade para crianças, em Leeds. Ela não ficou com a vaga, mas recebeu feedback positivo e pediram que ela mantivesse contato. Ela também se inscreveu em várias agências de recrutamento para o terceiro setor. Uma delas entrou em contato para dizer que um emprego adequado para ela estava sendo anunciado na região Noroeste. Acontece que era o mesmo cargo para o qual ela tinha se candidatado anteriormente, em outro escritório regional da mesma instituição. Ela agradeceu ao recrutador, mas fez questão de informar que, como havia se candidatado antes, diretamente com a instituição, não podia deixar o recrutador trabalhar na aplicação, sob um ponto de vista ético. Em seguida, enviou um e-mail ao líder do escritório da região Norte (Leeds) que a tinha entrevistado e perguntou se ele, caso achasse apropriado, poderia indicá-la para o chefe da região Noroeste (Manchester), o que ele fez. E, depois de mais duas rodadas de entrevistas, ela conseguiu o emprego... então ficar em contato e ter persistência funcionou.

REJEIÇÃO

"É impossível viver sem falhar, a menos que você viva com tanta cautela que acabe sequer vivendo. Neste caso, você falhou desde o princípio."

J. K. Rowling, Harvard Commencement Speech [Discurso de formatura de Harvard]
(©JK Rowling 2008)

A rejeição é um componente do processo de procura de emprego, e não há como fugir dela. Muitas vezes, vemos candidatos colocarem todo o seu foco em uma única oportunidade e, quando são rejeitados, têm dificuldade de se motivar para começar do zero novamente. Por esta razão, recomendamos que você tenha pelo menos dez oportunidades em que esteja interessado (por exemplo, vagas para as quais você se candidatou) e como objetivo cinco oportunidades que parecem promissoras (por exemplo, vagas nas quais você está na fase de entrevista). Não raro, muitas dessas oportunidades vão desaparecer, e não será culpa sua: a empresa decidiu não recrutar mais para aquela vaga, um candidato interno foi selecionado, e assim por diante. Se você tiver mais opções engatilhadas, ainda pode se decepcionar, mas terá mais caminhos positivos a seguir, o que diminui o efeito das emoções.

Há também uma visão positiva da rejeição que a maioria das pessoas não considera. O entrevistador pode muito bem ter pensado que a sua experiência e seu conjunto de habilidades eram os melhores, mas sentiu que você não se encaixaria bem no time; eles podem muito bem tê-lo salvo de um cargo que você odiaria — nesse caso, talvez a rejeição possa ser uma bênção disfarçada. Se quiser aprender com a experiência, você pode entrar em contato com o entrevistador para pedir feedback. Seja simpático e educado, mas não force a barra. Muitas vezes eles não serão capazes de lhe dar um feedback útil: às vezes foi um processo meio corrido e eles apenas sentiram que outro candidato se encaixava melhor; nesse caso, não há nada que você pudesse ter feito melhor. Uma mentalidade positiva é vital, especialmente depois de ter sido recusado para um emprego. Observe a linguagem que utiliza — não diga "não estou trabalhando", mas sim "estou considerando várias opções de carreira nesse momento". A saúde mental e o estado de espírito são cruciais na busca por um emprego (e na vida em geral!). Quando você se sente desanimado e com falta de confiança, terá dias piores do que quando se sente confiante e alegre! A procura por emprego pode ser difícil, assim como mudar de carreira, mas você não está sozinho, então tente manter um senso de perspectiva. Você não pode trabalhar em sua carreira ou busca por emprego vinte e quatro horas por dia — tirar algumas folgas pode torná-lo mais animado quando voltar, e você vai parecer mais relaxado e menos "obsessivo" na entrevista.

Capítulo 39
Negociando o trabalho e o salário

"A sorte favorece os ousados."
PROVÉRBIO

É sempre uma boa ideia negociar primeiro o trabalho e depois o salário. Se tudo correr bem, você começará a receber ofertas de emprego. No início do processo de recrutamento, sugerimos que seja vago quanto aos seus requisitos salariais, dando uma ideia geral. Se for pressionado a declarar uma pretensão salarial, uma boa resposta é: "Estou à procura de valores coerentes com o mercado para este tipo de trabalho", ou, dependendo do conhecimento que você tem, pode dizer "até eu saber mais sobre a função, é difícil dizer". Se lhe pedirem diretamente o valor que ganha atualmente, você terá que dar um. Não se esqueça de adicionar todos os benefícios que você recebe, pois isso pode inflacionar o número total. Se você estiver para receber uma revisão salarial em breve, também pode ter isso em conta, mas avise isso ao seu entrevistador. Se você sente que seu salário não reflete o que você vale agora — talvez você tenha acabado de investir em um MBA, por exemplo —, a melhor maneira de negociar o salário é focar em como você atende aos requisitos e que valor pode agregar à empresa.

Tente criar o maior número possível de oportunidades de emprego — é provável que se sinta mais confiante na entrevista se tiver opções. Se você está desesperado porque essa entrevista é a única que você tem, isso é difícil de esconder. Também enfraquece a sua posição. Dar a impressão de que você está ativo no mercado com várias opções em aberto o identifica como um bom candidato, o que significa que é muito mais provável que lhe ofereçam um salário proporcional ao cargo. Isso é um jogo, e se uma empresa pensa que esta é a sua única opção, eles podem ser tentados a propor um salário baixo. Se ficarem com a impressão de que você tem outras opções sérias, é mais provável que a empresa não "dê margem pro azar" e ofereça um salário mais alto para garantir você.

ENCONTRANDO O MOMENTO CERTO

Recomendamos que você não comece a negociar o salário até ter recebido uma oferta da empresa, idealmente por escrito. Se você declarar um salário que é muito baixo ou muito alto, pode se colocar fora do jogo sem a oportunidade de discutir e negociar o trabalho.

Se a oferta estiver abaixo do nível de mercado, você precisa renegociar o trabalho, porque, se o conteúdo do trabalho muda, é mais provável que o nível salarial possa ser negociado — ou você pode negociar o que acha que é uma taxa de mercado mais justa. Você deve ser capaz de descobrir qual é o valor do mercado perguntando às agências de recrutamento, consultando anúncios de emprego, analisando estudos salariais em revistas profissionais e fazendo algumas perguntas discretas em sua rede — perguntando a alguns dos seus contatos sobre faixas salariais. Sites como Glassdoor também podem ser úteis. O salário básico não é a única coisa que você pode negociar: você pode ser capaz de negociar os benefícios, ou talvez revisões salariais mais regulares. Tivemos clientes que negociaram uma participação acionária na empresa como forma de contornar um salário inicial mais baixo em uma startup. Outros decidiram que prefeririam negociar um dia a menos na semana de trabalho ou incluir um coaching executivo no seu pacote salarial. É claro que tudo isso depende de quanto valem suas habilidades no mercado, que é a razão pela qual vale avaliar regularmente o seu valor dentro da sua indústria.

> Fiona foi entrevistada para um cargo sênior de TI em um banco. Ela estava mais qualificada do que o necessário para aquele cargo, mas mesmo assim o banco ofereceu a ela o salário médio para aquela função. Fiona pediu outra reunião com os tomadores de decisão (o diretor de TI e o CEO) e renegociou a função para incluir mais responsabilidade, algo cuja experiência para entregar ela claramente tinha. Dado o aumento das responsabilidades do cargo, quando Fiona pediu um salário consideravelmente maior, a empresa concordou e efetivamente criou uma nova função para ela, com 20% a mais de salário do que o oferecido inicialmente.

Capítulo 40
Os primeiros cem dias

"Comece fazendo o que é necessário; depois faça o que é possível. De repente, estará fazendo o impossível."
SÃO FRANCISCO DE ASSIS

Ao começar em um emprego novo, você vai passar por uma quantidade considerável de mudança, que começa no aceite da oferta de trabalho e geralmente continua até cerca de três meses depois de ter iniciado a nova função.

Ter um plano de ação para ganhar velocidade pode facilitar consideravelmente esse período de mudança. Você nunca terá uma segunda chance de causar uma primeira impressão, então aqui estão alguns aspectos de uma nova função em que você pode querer pensar em estágios-chave para aproveitar ao máximo seus três primeiros meses.

ANTES DE COMEÇAR

- Há alguma pesquisa adicional que você possa fazer sobre a empresa, seus clientes, seus colegas próximos e a indústria que possa ser útil antes de começar?
- Como você quer ser percebido no novo negócio?
- Você sabe como a empresa/ seu novo chefe vai avaliar o quão bem você está se adaptando à sua nova função?

AO FIM DO PRIMEIRO MÊS

- Você tem uma compreensão clara das linhas de reporte e as expectativas que seu novo chefe e a própria empresa têm para você? São alcançáveis?
- O trabalho é como você esperava ou você precisa reavaliar como o aborda?
- Você tem um plano de ação para os três primeiros meses? O que quer alcançar? Como quer ser percebido?
- Em que "vitórias rápidas" você pode trabalhar para mostrar seu valor para a empresa?
- Dependendo do seu nível de senioridade, você conhece a estratégia da empresa?
- Existem pessoas influentes que você conheceu que possam atuar como mentores enquanto você se adapta à empresa?
- No começo, observar, ouvir e aprender pode ser muito útil como estratégia. Quem são as pessoas que realmente tomam as decisões? Como é a cultura, tanto a formal quanto a informal? De quem são as opiniões que contam mais na tomada de decisões?
- Não se sinta tentado a responder a comentários negativos de novos colegas. Descubra como a banda realmente toca antes de manifestar a sua opinião.

AO FIM DO TERCEIRO MÊS

- O trabalho na função está progredindo como esperado? Se não, o que você pode fazer para colocar-se de volta no caminho certo?

- Você tem um plano de ação para o resto do ano?
- Quando o seu desempenho será avaliado? Sabe quais serão os padrões para a sua avaliação? Existem áreas em que você precisa trabalhar para garantir que o resultado da avaliação seja que você superou as expectativas?

A coisa importante a se lembrar é que conseguir o emprego não é onde a estratégia de carreira termina. Os indivíduos mais bem-sucedidos estão constantemente pensando em como podem entregar mais e se desenvolver mais rápido do que seus pares. Você pode fazer o mesmo.

Capítulo 41
Gestão de carreira a longo prazo

"Se você não tiver um plano, vai acabar
fazendo parte do plano de outra pessoa."
PROVÉRBIO ESTADUNIDENSE

Você não sabe o que vai acontecer no futuro, e todos nós temos que ser flexíveis para mudar as circunstâncias. Conhecer a si mesmo e o que você quer é um longo caminho para construir uma carreira satisfatória e bem-sucedida. Ter esse conhecimento ajuda a evitar becos sem saída na sua carreira e a reconhecer oportunidades quando você as vê.

Uma das maiores mudanças no mercado de trabalho nos últimos vinte e cinco anos foi que o conceito de emprego para toda a vida está se tornando cada vez mais raro. Agora há uma expectativa de que as pessoas vão gerenciar as suas próprias carreiras, procurando oportunidades para se desenvolverem com um plano do que querem alcançar e para onde querem ir em termos de vida profissional.

Na realidade, a maioria das pessoas entra numa carreira quase que por acidente — um comentário de um professor, dos pais, de um amigo da família que sugere que um determinado trabalho pode ser adequado às suas competências — e, em seguida, encontram-se em uma esteira automática que leva a uma promoção, a um novo emprego ocasional quando são forçadas a mudar (são despedidas) ou sentem que precisam de uma mudança ou de um aumento salarial. Normalmente, muito pouco pensamento estratégico entra nessas decisões ou na reflexão de se a direção em que estão se movendo e que parecia certa no começo da carreira ainda é apropriada. O que esperamos é que este livro o encoraje a se tornar mais estratégico sobre a sua própria carreira.

A partir do momento em que começa a se sustentar sozinho, você está efetivamente tocando a sua própria empresa de consultoria com um único e importantíssimo empregado: si próprio. Você precisará ter uma estratégia que responda às mudanças do mercado, aos seus valores e às suas necessidades (financeiras e outras). Como qualquer boa empresa faria, sugerimos que revise isso regularmente, pensando em seus empregadores como seus clientes de consultoria. Você está prestando um trabalho de consultoria para eles; quando você ou eles sentem que o valor da relação se perdeu, é hora de seguir em frente.

EXAME ANUAL DE ROTINA DA CARREIRA

A cada ano, sugerimos que você faça uma revisão rápida de onde está para garantir que está no caminho certo em direção a seus objetivos de carreira de longo prazo:

- O que aprendeu no último ano?
- Como progrediu desde o seu último exame de rotina da carreira?
- Como você expandiu seu network?
- Como você contribuiu para sua equipe/organização?
- Quão alinhada sua função atual está com seus objetivos de carreira de longo prazo?
- Quais são suas principais metas para o próximo ano?

PONTOS-CHAVE QUE IMPACTAM SUA ESTRATÉGIA DE GESTÃO DE CARREIRA A LONGO PRAZO

Conforme vai levando sua vida, de olho na direção em que sua indústria e carreira estão indo no futuro, você deve considerar:

1. Novas tendências de emprego: mantenha-se atento ao rumo que sua indústria e carreira estão indo no futuro para que você possa levar esses dados em consideração ao direcionar sua carreira;
2. Manter suas habilidades atualizadas: é importante considerar de que treinamentos você precisa para chegar ao próximo nível de sua carreira;
3. Mudanças nas circunstâncias: sejam intencionais ou inadvertidas, há uma coisa com a qual você pode contar: sua vida vai mudar;
4. Se consegue encontrar um novo mentor e/ou patrocinador que possa ajudá-lo a progredir e orientá-lo: pode ser útil ter perspectivas de colegas seniores respeitados ou contatos fora do sistema usual de avaliação corporativa;
5. Se é possível criar novas oportunidades na sua organização atual ou é hora de começar de novo.

Vale a pena rever a sua matriz uma vez por ano para ver se o que procura em uma função/carreira continua igual ou se as suas necessidades estão mudando. Talvez você tenha filhos agora, e o equilíbrio entre trabalho e vida pessoal se torne uma prioridade, ou as viagens globais não são tão atrativas quanto já foram. Depois de completar esse processo, você pode sentir que está na hora de seguir em frente. Talvez os "contras" da função agora superem os "prós", ou talvez você sinta que sua carreira está estagnada. Esperamos que, caso sinta que foi tão longe quanto possível, você volte para os exercícios do livro e comece a planejar o futuro. Faça dessa uma experiência positiva — pense em se mover com confiança em direção ao futuro em vez de se afastar negativamente do passado.

Capítulo 42
Considerações finais

"O único fracasso real na vida é não ser fiel àquilo em que se acredita".
BUDA

Tendo passado por este processo e depois ajudado nossos clientes a navegar por esta metodologia, estamos ansiosas por compartilhar o que aprendemos tanto como recrutadoras quanto como coaches de carreira. Muitas pessoas acham que o processo é um trabalho árduo, e algumas não se esforçam o suficiente para colher as recompensas, mas esperamos ter feito o suficiente através do livro e com os estudos de caso para mostrar o que é possível se você continuar, mesmo quando a situação se torna difícil. As recompensas valem o esforço.

Sem dúvida, este processo requer tempo e esforço; mas, como testemunham os nossos clientes, vale a pena ter uma carreira com a qual você está engajado e a qual desfruta. Dá para perceber na entrevista quais candidatos têm verdadeira paixão e interesse em seu trabalho; seus olhos brilham e eles têm mais energia. Acreditamos que a vida é preciosa demais para não aproveitar ao máximo sua vida profissional, e demos nesse livro tudo o que aprendemos sobre como navegar na sua carreira — tanto com a nossa experiência quanto através dos nossos clientes.

Este é o livro que gostaríamos de ter lido quando começamos a tentar esculpir uma carreira mais satisfatória. A ideia de escrevê-lo surgiu quando estávamos discutindo o que gostaríamos de alcançar no ano que nos faria avançar, alcançar um objetivo de longo prazo e fortalecer nossas carreiras — ou seja, estratégias de carreira! Tivemos sorte o suficiente para, através do nosso networking, encontrar uma editora que gostasse do que tínhamos para dizer (obrigada Emily e equipe da Bloomsbury!).

Esperamos que, ao avançar pelo livro, você descubra opções, e encorajamos você a começar a adotar uma abordagem proativa em relação à sua carreira. Esperamos, também, que as histórias dos nossos clientes o inspirem a atingir o seu potencial no trabalho e na vida em geral — aproveite a jornada!

Referências e recursos

Muitas vezes os livros têm seções de referências e recursos muito grandes, o que deixa o leitor sem saber o que escolher dessa lista muito longa. Preferimos indicar os livros que nós e nossos clientes achamos particularmente úteis em vez de apenas dar uma lista de pesquisa da Amazon. Escolhemos as nossas referências e recursos com moderação, para nos concentrarmos naquilo que consideramos ser o mais útil para você.

Parte I: O processo de mudança de carreira

Gerenciamento de tempo

ALLEN, David. *A arte de fazer acontecer: o método GTD — Getting Things Done*. Rio de Janeiro: Sextante, 2016.

TRACEY, Brian. *Eat That Frog! Get More of the Important Things Done - Today!*. Londres: Hodder Paperbacks, 2013.

Superando o medo

GODDARD, Gabriella. *Gulp!: The Seven-day Crash Course to Master Fear and Break Through Any Challenge*. Nova York: Penguin, 2006.

JEFFERS, S. *Feel The Fear and Do It Anyway*. Londres: Vermilion, 2007.

JOHNSON, Susan. *Quem mexeu no meu queijo?* Rio de Janeiro: Record, 2017.

PARTE II: COMPREENDENDO A SI MESMO E O QUE VOCÊ QUER

Testes vocacionais

PASSMORE, Jonathan. *Psychometrics in Coaching: Using Psychological and Psychometric Tools for Development*. Londres: Kogan Page, 2008.

TIEGER D. Paul; BARRON, Barbara. *Do What You Are: Discover the Perfect Career for You Through the Secrets of Personality Type*. Nova York: Little, Brown and Company, 2007.

www.psychtesting.org.uk/directories — Lista completa dos profissionais listados pela British Psychological Society (BPS)

www.intestcom.org — Informação sobre testes psicométricos em diferentes países

www.assessmentday.co.uk — Uma série de testes que compreendem raciocínio verbal e numérico e testes psicométricos

Definindo suas principais habilidades e pontos fortes

BUCKINGHAM, Marcus; CLIFTON, Donald. *Descubra seus pontos fortes*. Rio de Janeiro: Sextante, 2017.

CLIFTON, Donald; RATH, Tom. *Descubra seus pontos fortes*. Rio de Janeiro: Sextante, 2019.

Seus interesses e paixões

SHER, Barbara. *Refuse to Choose!: Use All of Your Interests, Passions, and Hobbies to Create the Life and Career of Your Dreams*. Emmaus: Rodale Books, 2007.

ROBINSON, Ken. *Finding Your Element: How to Discover Your Talents and Passions and Transform Your Life*. Londres: Penguin Books, 2014.

Definindo seu plano a longo prazo

CANFIELD, Jack. *How to Get from Where You Are to Where You Want to Be*. Londres: Harper Element, 2007.

TURNER, Colin. *Born to Succeed: Releasing Your Business Potential*. Londres: Texere Publishing, 2002.

PARTE III: E AGORA? COMO PESQUISAR, FAZER BRAINSTORMING E AVANÇAR

Pesquisas

IBARRA, Herminia. *Working Identity: Unconventional Strategies for Reinventing Your Career*. Boston: Harvard Business School Press, 2013.

Estes são sites que você pode achar útil na hora de começar a pesquisar setores e funções:

www.careersbox.co.uk
www.glassdoor.com
www.vault.com

Abrindo uma empresa

CANTWELL, Marianne. *Vida de profissional freelance*. Rio de Janeiro: Campus-Elsevier, 2013.

GERBER, Michael E. *E-Myth Revisited: Why Most Small Businesses Don't Work and What to Do About It*. Londres: HarperCollins, 1994.

HYATT, Michael. *Platform: Get Noticed in a Noisy World – a Step-by--Step Guide for Anyone with Something to Say or Sell*. Edimburgo: Thomas Nelson, 2012.

PARTE IV: A PARTE PRÁTICA DAS CANDIDATURAS A EMPREGO

Networking

CARNEGIE, Dale. *Como fazer amigos e influenciar pessoas*. São Paulo: Companhia Editora Nacional, 2007.

SOLE, David; ROBERTS, Belinda. *21st-Century Networking: How to Become a Natural Networker*. Londres: Elliott & Thompson, 2015.

GRANT, Adam. *Give and Take: Why Helping Others Drives Our Success.* W&N, 2014.

KING, Zella; SCOTT, Amanda. *Who is in Your Personal Boardroom? How to Choose People, Assign Roles and Have Conversations with Purpose.* Plataforma de Publicação Independente do CreateSpace, 2014.

TOWNSEND, Heather. *The Financial Times Guide to Business Networking: How To Use The Power Of Online And Offline Networking For Business And Personal Success.* Harlow: Pearson Education Limited, 2014.

Estratégias para procurar emprego

DALTON, Steve. *The 2 Hour Job Search: Using Technology to Get the Right Job Faster.* Berkeley: Ten Speed Press, 2012.

Como influenciar

CIALDINI, Robert. *Influence: The Psychology of Persuasion.* Nova York: HarperBusiness, 2007.

Currículos

MILLS, Corinne. *You're Hired! How To Write a Brilliant CV.* Bath: Trotman, 2015.

HOWARD, Simon. *Creating a Successful CV.* Londres: Dorling Kindersley Limited, 1999.

Cartas de apresentação

INNES, James. *Brilliant Cover Letters: What You Need to Know to Write a Truly Brilliant Cover Letter.* Harlow: Prentice Hall, 2009.

Entrevistas

POROT, Daniel; HAYNES, Frances Bolles. *Best Answers to 202 Job Interview Questions.* Mannassas Park: Impact Publications, 2008.

REED, James. *Why You? 101 Interview Questions You'll Never Fear Again.* Londres: Portfolio Penguin, 2015.

YATE, Martin John. *Great Answers to Tough Interview Questions.* Londres: Kogan Page, 2008.

Estes são alguns sites que fornecem informações sobre salários e tendências de recrutamento:
www.hays.co.uk/salary-guides
www.glassdoor.com

Carreira portfólio

HOPSON, Barrie; LEDGER, Katie. *And What Do You Do?: 10 Steps to Creating a Portfolio Career.* Londres: A&C Black, 2009.

Os primeiros cem dias

WATKINS, Michael. *The First 90 Days: Critical Success Strategies for New Leaders at All Levels.* Boston: Harvard Business School Press, 2003.

NOSSO SITE

www.howtotakechargeofyourcareer.com

Nele, colocamos os links para mais livros que achamos úteis, mas que são específicos para um determinado tópico. É também onde apontamos livros adicionais que podem ser úteis para os leitores.

O site também é onde você pode encontrar formulários em branco para download para fazer os exercícios deste livro.

Bibliografia

BALL, Ben. *Assessing Your Career: Time for Change? (Personal and Professional Development)*. Londres: Wiley Blackwell, 1996.

BECKEL, Heather. *Be a Kickass Assistant: How to Get from a Grunt Job to a Great Career*. Londres: Headline, 2002.

BLACK, Roger. *Getting Things Done: A Radical New Approach to Mana ging Time and Achieving More at Work*. Londres: Penguin Group, 1987.

BOLDT, Laurence G. *How to Find the Work You Love*. Londres: Arkana, 1996.

______. *What Color is Your Parachute? 2010: A Practical Manual for Job-hunters and Career-changers*. Londres: Ten Speed Press, 2009a.

BOLLES, Richard Nelson. *The Job-hunter's Survival Guide: How to Find Hope and Rewarding Work even when 'There are No Jobs'*. Londres: Ten Speed Press, 2009b.

BOLLES, Richard Nelson; FIGLER, Howard. *The Career Counselor's Handbook*. Londres: Ten Speed Press, 1999.

BRONSON, Po. *What Should I Do With My Life?* Londres: Vintage, 2004.

CARSON, Richard D. *Taming Your Gremlin (Revised): A Surprisingly Simple Method for Getting Out of Your Own Way*. São Francisco: Harper San Francisco, 2003.

CHAN, James. *Spare Room Tycoon: Succeeding Independently — The 70 Lessons of Sane Self-employment*. Londres: Nicholas Brealey Publishing, 2000.

CHRISTENSEN, Clayton M.; ALLWORTH, James; DILLON, Karen. *How Will You Measure Your Life? Finding Fulfilment Using Lessons From Some of the World's Greatest Businesses*. Londres: HarperCollins, 2012.

COOMBER, Stephen; CRAINER. Stuart; DEARLOVE, Des. *The Career Adventurer's Fieldbook: Your Guide to Career Success*. Londres: Capstone Publishing Limited, 2002.

COWPER, William. *The Task*. Joseph Jordan, 1785.

DE GRUNWALD, Tanya. *Dude, Where's My Career? The Guide for Baffled Graduates*. West Sussex: Summersdale Publishers, 2008.

DUCKER, Chris. *Virtual Freedom, How to Work with Virtual Staff to Buy More Time, Become More Productive and Build Your Dream Business*. Benbella Books, 2014.

FERRIS, Tim. *The 4 Hour Work Week*. Londres, Vermilion, 2011.

FLYNN, Pat. *Will it Fly? How to Test Your Next Business Idea So You Don't Waste Your Time and Money*. Chicago: Flynn Industries, 2016.

GREEN, Graham. *The Career Change Handbook: How to Find Out What You're Good At and Enjoy — Then Get Someone to Pay You For It*. Oxford: How To Books, 2008.

GRIGG, Joanna. *Getting Into Self Employment*. Londres: Trotman & Co., 1999.

GUERRIERO, Janice M.; ALLEN, Robert G. *Questions in Career Counselling — Techniques to Deliver Effective Career Counselling Services*. Philadelphia: Lawrence Erlbaum Associates, 1998.

HALL, Richard. *The Secrets of Success at Work: 10 Steps to Accelerating Your Career*. Londres: Pearson Education Limited, 2008.

HANDY, Charles B.; HANDY. Elizabeth. *The New Alchemists*. Londres: Hutchinson, 2004.

HAWKINS, Peter. *The Art of Building Windmills: Career Tactics for the 21st Century*. Liverpool: Graduate Into Employment Unit, 1999.

HEATH, Chip; HEATH, Dan. *How to Make Better Choices in Life and Work*. Nova York: Random House, 2013.

HOPSON, Barrie; SCALLY, Mike. *Build Your Own Rainbow: A Workbook for Career and Life Management*. East Sussex: Management Books, 2009.

HORNBY, Malcolm. *3 Easy Steps to the Job You Want*. Londres: Financial Times/Prentice Hall, 2000.

JACOBS, Richard. *What's Your Purpose? Seven Questions to Find Your Answer*. Londres: Mobius, 2004.

KATZ, Margot. *Tarzan and Jane: How to Thrive in the New Corporate Jungle*. Londres: Profile, 2007.

KELLER, Gary; PAPASAN, Jay. *The One Thing*. Londres, John Murray Learning, 2014.

KLEIN, Steve. *Jobwise: 150 Tips to Help You Survive and Thrive in Your Career*. Londres: John Wiley & Sons, 2000.

LEES, John. *How to Get a Job You'll Love: A Practical Guide to Unlocking Your Talents and Finding Your Ideal Career*. Berkshire: McGraw-Hill Professional, 2008.

LORE, Nicholas. *The Pathfinder: How to Choose or Change your Career for a Lifetime of Satisfaction and Success*. Londres: Simon & Schuster, 1998.

MARSHALL, Judi. *Women Managers Moving On: Exploring Career and Life Choices*. Londres: Thomson Learning, 1995.

MESSMER, Max. *Managing Your Career for Dummies*. Londres: IDG Books Worldwide, 2000.

MRS MONEYPENNY; MCGREGOR, HEATHER. *Mrs Moneypenny's Career Advice for Ambitious Women*. Londres: Portfolio Penguin, 2013.

HILL, Nathan; HILL, Robert; Linda, HILL. *Career Counselling*. Londres: Sage, 2005.

NEMKO, Marty; EDWARDS, Paul; EDWARDS, Sarah. *Cool Careers for Dummies*. Londres: IDG Books Worldwide, 1998.

OATES, David; SHACKLETON, V. J. *Perfect Recruitment: All You Need to Get it Right First Time*. Londres: Arrow Books, 1994.

OTTERBOURG, Robert K. *Switching Careers*. Washington: The Kiplinger Washington Editors, 2001.

POROT, Daniel. *The Pie Method for Career Success; A Unique Way to Find Your Ideal Job*. Minneapolis: JIST Works, 1996.

PINK, Daniel H. *The Adventures of Johnny Bunko: The Last Career Guide You'll Ever Need*. Nova York: Business Plan, 2008.

PRINCE, Jeffrey P.; Lisa J. HEISER. *Essentials of Career Interest Assessment* (Essentials of Psychological Assessment). Londres: John Wiley & Sons, 2000.

PRYCE-JONES, Jessica. *Happiness at Work: Maximising Your Psychological Capital for Success*. Londres: Wiley-Blackwell, 2010.

PYKE, Gary; Neath, STUART. *Be Your Own Career Consultant: Where Do You Want To Be?* Londres: Pearson Education Limited, 2002.

MCCONNELL, Robinson; MCCONNELL, Jonathan; MCCONNELL, Carmel. *Un-Ltd: Tell Me What Is It You Plan To Do with Your One Wild and Precious Life*. Londres: Momentum, 2002.

ROWE, Dorothy. *The Successful Self*. Londres: HarperCollins, 1996.

SHELL, G. Richard. *Springboard: Launching Your Personal Search for Success*. Nova York: Portfolio Penguin, 2013.

SHER, Barbara; SMITH, Barbara. *I Could Do Anything If I Only Knew What It Was: How to Discover What You Really Want and How to Get It*. Londres: Bantam Doubleday Dell Publishing Group, 1994.

SISSON, Natalie. *The Suitcase Entrepreneur*. Tonawhai Press, 2013.

SPILLANE, Mary. *Branding Yourself: How to Look, Sound and Behave Your Way to Success*. Londres: Sidgwick & Jackson, 2000.

TAYLOR, David. *The Naked Leader*. Londres: Capstone Taylor, Denise (2009) *How to Get a Job in a Recession*. Dartmouth: Brook House Press, 2002.

TAYLOR, Ros; HUMPHREY, John. *Fast Track to the Top: 10 Skills for Career Success*. Londres: Kogan Page, 2001.

THE MIND GYM. *Give Me Time*. Londres: Time Warner Books, 2006.

TOLLE, Eckhart. *The Power of Now: A Guide to Spiritual Enlightenment and Proven Strategies for Getting a Job You Love*. Londres: Marshall Cavendish, 2001.

WALDROOP, James; BUTLER, Timothy. *The 12 Bad Habits that Hold Good People Back: Overcoming the Behavior Patterns that Keep You from Getting Ahead*. Londres: Broadway Business, 2001.

WENDLETON, Kate. *Interviewing and Salary Negotiation: For Job Hunters, Career Changers, Consultants and Freelancers*. Nova Jersey: The Career Press, 1999.

WHITE, Kate. *Why Good Girls Don't Get Ahead but Gutsy Girls Do: Nine Secrets Every Career Woman Must Know*. Nova York: Grand Central Publishing, 1995.

WILLIAMS, Nick. *The Work We Were Born To Do: Find the Work You Love, Love the Work You Do*. Londres: Element Books, 2000.

WINTER, Barbara. *Making a Living Without a Job: Winning Ways for Creating Work that You Love*. Londres: Bantam Books, 1993.

WRIGHT, Bridget. *Careershift: How to Plan and Develop a Successful Career*. Londres: Piatkus Books, 1999.

YEUNG, Rob. *The Ten Commandments: Equip Yourself with the 10 Most Important Skills to Move up the Career Ladder*. Oxford: How To Books, 2002.

Sucessos

UBK Publishing House

Como Liderar - 8 lições para iniciantes

Em oito lições simples, John Adair explica o básico sobre liderança de maneira clara, concisa e relevante. Para melhorar a natureza prática do texto, cada um dos capítulos é seguido por uma série de pontos-chaves e resumos preparados para incentivar você a se tornar um profissional mais capacitado Em qualquer trabalho, chega o momento em que um profissional é solicitado a liderar outras pessoas. No entanto, embora ela esteja preparada em sua própria área de atuação, é normal sentir medo de encarar essa nova fase de sua carreira. Afinal, poucas pessoas são ensinadas a liderar. O que você precisa saber? Como liderar?

Lições de liderança - 12 conceitos-chave

John Adair acredita que a liderança pode ser aprendida, que não depende de traços de personalidade. Com suas pesquisas e analisando os grandes líderes da história, ele tem ajudado a desmistificar a teoria do "líder predestinado".

Neste livro, Adair ensina sua teoria da Liderança Centrada na Ação, incentivando profissionais a focar em três aspectos: realizar a tarefa, estruturar e manter a equipe e suprir as necessidades individuais dos membros do grupo. Aprendendo e seguindo esses passos, segundo ele, qualquer um pode se tornar um líder eficaz.